KB242057

시민 불복종

MANIFESTO

WORDS
THAT
CHANGED
THE WORLD •••• 세계를 뒤흔든 선언 ❸

세계를 뒤흔든
시민 불복종

앤드류 커크 지음 | 유강은 옮김

| 일러두기 |

1 이 책은 Andrew Kirk, *Civil Disobedience*(The Ivy Press, 2004)를 완역한 것이다.

2 각주에는 원주와 옮긴이주가 있다. 모든 각주는 별표(*)로 표시했으며, 원주는 내용 끝에 '―원주'라고 따로 구분해두었다.

3 인명이나 지명, 그리고 작품명은 '외래어 표기법'(1986년 1월 문교부 고시)과 이에 근거한 『편수자료』(1987년 국어연구소 편)를 참조했으나, 주로 원어에 가깝게 표기하는 것을 원칙으로 삼았다.

4 단행본 · 전집 · 정기간행물 · 신문 · 잡지 · 팸플릿 등에는 겹낫쇠(『 』)를, 논문이나 논설 · 기고문 · 단편 · 미술 · 건축 · 영화 등의 작품 등에는 홑낫쇠(「 」)를 사용했다.

책머리에

헨리 데이비드 소로의 『시민 불복종』은 아마 미국 문학사상 가장 유명한 단편일 것이다. 지금까지 수십 종의 판본이 출간되었을 뿐만 아니라 미국 전역의 각급 학교와 대학의 커리큘럼에도 올라 있다. 비록 소로는 자신의 저작에서 '시민 불복종'이라는 표현을 쓴 적이 한 번도 없지만, 『시민 불복종』은 영어에 새로운 표현을 추가한 몇 안 되는 저작 중 하나이다(『시민 불복종』이 처음 발표될 당시에는 "시민정부에 대한 저항"이라는 제목이었다). 이 책에서는 『시민 불복종』을 간략하게 소개하고, 이 글이 등장하게 된 역사적 배경을 살펴보며, 또 어떤 연유로 오늘날과 같은 명성을 누리게 되었는지 알아보고자 한다.

소로는 1817년 7월 12일 매사추세츠 주 콩코드에서 태어나 44년 뒤인 1862년 5월 6일 같은 마을에서 폐결핵으로 세상을 떠났다. 하버드 대학을 졸업한 뒤 가업인 연필제조업 일을 간헐적으로 했고, 형 존과 함께 사립학교를 세워 직접 아이들을 가르치기도 했다. 그 전에 공립학교에서 교사를 한 적도 있지만 아이들을 매로 다스리지 않는다는 이유로 질책을 받고 2주만에 사직했다. 그 뒤 랠프 왈도 에머슨을 도와 초월주의 잡지 『다이얼』을 편집하다가 측량기사를 마지막으로 정식 일자리를 접게 되었는데, 이 일을 통해 각종 동식물 분포를 풍부하게 관찰할 수

1856년 39세 때 찍은 소로의 은판 사진.
오늘날까지 남아 있는 소로의 사진 두 장
가운데 하나이다.

있어서 훗날 자연주의자로 명성을 얻는다.

소로는 평생 동안 글을 썼지만 생전에는『콩코드 강과 메리맥 강에서 보낸 일주일』과『월든』만이 출간되었다. 소로가 남긴 저작은 식물학 연구(산림식생의 변천에 관한 그의 연구는 오늘날의 식물학자들도 인정하고 있다)에서부터 여행 기록, 시, 자연사(自然史), 그리고 1837년부터 쓰기 시작한『일기』에 이르기까지 광범위한 분야에 걸쳐 있다. 일기는 원래 정식 저작을 위해 연습삼아 쓰기 시작한 것인데, 얼마 안 있어 그 자체가 하나의 문학작품이 되었고 오늘날 소로가 누리는 문학적 지위에서도 중추적인 자리를 차지하고 있다. 소로는 노예제 같은 사회·정치적인 문제에 관해서도 글을 쓰고 강연을 했는데, 원래 1848년에 한 강연이었던『시민 불복종』은 노예제 폐지운동을 뒷받침하기 위해 쓴 일련의 에세이 중 하나이다.

소로는 생전에는 가까운 친구들과 뉴잉글랜드 지방의 초월주의자 집단을 벗어나서는 거의 알려지지 않은 인물이었다. 엄격하고 고집이 세며 까다롭고 괴팍한 성격으로 유명했고, 주위 사람들은 그가 남과 어울리지 않고 혼자 있는 걸 좋아한다고 말들 했다. 유럽에서는 사람들이 여러 가지 이유로 소로의 책을 읽었지만, 미국에서 소로는 20세기에 접어들 때까지도 세상에 전혀 알려지지 않은 인물이었다. 그러나 일단 이름이 알려지게 되자 순식간에 혜성처럼 밝은 빛을 발했으니, 소로가 19세기의 괴팍한 자연주의자에서 1960년대 반문화(反文化)의 상징적 인물로 변모하게 된 과정을 살펴보는 것도 이 책의 목적 중 하나이다. 소

매사추세츠 주 콩코드에 있는 소로의 생가. 스태튼 섬에서 에머슨 조카의 가정교사로 일했던 잠깐의 시기를 제외하면, 소로는 평생 콩코드에서 살았다.

로의 가장 흥미로운 측면 가운데 하나는 그의 작품이 여러 가지의, 때로는 모순되기도 하는 해석을 낳는 개방성을 갖고 있다는 점이다. 지금부터 시대마다 다른 모습으로 등장한 소로를 살펴보고, 21세기가 직면한 문제들과 가능성이라는 맥락에서 소로의 저술과 사유의 가치를 고찰해보고자 한다.

Context and Creator

등장배경과 지은이

헨리 데이비드 소로가 '정부에 대한 개인의 권리와 의무'에 관한 강연(훗날 『시민 불복종』이라 알려진다)을 하기 위해 매사추세츠 주 콩코드의 문화회관에서 일어선 1848년 1월, 미국은 이제 막 70년의 역사를 넘어서고 있었다. 1775~83년의 독립전쟁으로부터 태어나 토머스 제퍼슨, 존 애덤스, 조지 워싱턴 등 건국의 아버지들이 작성한 건국 문서 위에 세워진 미국은 이상적인 국가, 즉 국민을 위한 국민의 창조물이라는 점에서 유일무이한 존재였다. 과거 유럽의 강대국들이 수세기에 걸친 침략·식민·병합 등을 통해 유기체처럼 성장한 것과는 달리, 미국은 고대 그리스에서 그 기원을 찾을 수 있는 공화주의 이념에 의거해 민주주의를 근본원리로 삼아 의식적으로 세운 현대의 발명품이었다. 새로운 대륙에서 새로운 출발을 한 미국 앞에는 정복을 기

1775년 4월 렉싱턴 공터에서 발발한 교전은 영국의 첫 패배로 끝났고 이를 신호로 8년간의 독립전쟁이 이어졌다.

다리는 험악한 변경이 놓여 있었고, 국민들은 그들이 가진 자원을 바탕으로 어떠한 도전에도 응전할 태세가 되어 있었다.

이런 이상화된 설명이 실제 역사적 기록과 모순될 뿐만 아니라 뒤이어 정착민들이 서부를 정복하는 과정에서 보인 행동으로 인해 더럽혀졌다 하더라도, 신화적인 의미에서는 더할 나위 없이 중요하다. 예나 지금이나 미국 시민들이 자기 자신을 규정하고 서로간 및 다른 나라들과의 관계를 규정하기 위해 이용하는 이야기로서 말이다. 이런 이야기야말로 소로가 속해 있는 문학 전통(초월주의)과 그가 콩코드 문화회관에서 연설을 해야 했던 이유를 설명하는 데 도움이 된다.

소로의 사상적 토대

독립 선언서와 미국 헌법, 권리장전* 등은 의심의 여지없이 가장 유명하고 자주 인용되는 정치 문서들이다.

우리는 다음의 것을 자명한 진리라고 생각한다. 모든 사람은 평등하게 태어났으며 조물주로부터 양도할 수 없는 권리를 부여받았다. 그 권리 중에는 생명, 자유, 행복의 추구가 있다. 이 권리를 확보하기 위해 인류는 정부를 조직했으며, 이 정부의 정당한 권력은 인민의 동의로부터 유래한다.

---

* 1787년에 만들어진 미국 헌법에는 인권에 관한 조항이 없었다. 그리하여 1789년 연방의회는 12개의 수정안을 제안했고, 각 주에서는 10개가 비준되어 1791년 수정 조항이 확정되었다. 이러한 10개의 수정 조항을 권리장전(Bill of Right)이라 부르는데, 그 주요한 내용은 종교 · 연설 · 출판의 자유, 임의로 체포당하지 않을 권리, 배심 재판을 받을 수 있는 권리 등이다.

제퍼슨과 그의 동료들이 작성한 독립 선언서는 세계 최초로 근대 민주주의를 수립해가는 의
식적인 과정의 출발이었다.

이 말 속에 담긴 자신감은 참으로 놀라울 뿐만 아니라 멋진 신세계에 딱 들어맞는 것이기도 하다. 소로와 관련해서 보면 여기에는 두 가지 주목할 만한 요점이 있다.

첫째는 '행복'이라는 관념이다. 제퍼슨과 그의 동료들이 이 말을 어떤 의미로 썼는지는 논쟁의 여지가 있다. 그러나 이들이 미국이 쾌락주의자들의 나라가 되어야 한다든가, 성(性)에 대해 관대한 사회가 되어야 한다는 의미로 '행복' 이라는 말을 쓰지 않았던 것은 분명하다. 제퍼슨 시대의 정치사상가들이 생각한 행복의 추구는 '올바른 삶' 을 사는 것을 의미했으며, 이는 공동체적인 관념으로 '공공의 복리' 와 관련된 것이었다. 고전적인 공화주의는 사람을 정치적인 동물로 보았고, 따라서 모든 시민은 공공의 사무에 참여하여 토론하고 심의하고 의사결정을 할 권리를 가져야 했다. 소로는 '올바른 삶' 이라는 관념과 그것의 의미, 그리고 그 의미를 스스로 발견하기 위한 각 개인의 노력이 얼마나 중요한가에 깊은 관심을 보였다. 독립 선언서는 국민 스스로에게 상당한 책임을 부여했으며, 소로는 자신의 책임뿐만 아니라 동료 미국인들의 책임까지도 매우 진지하게 받아들였다.

소로와 관련하여 두번째로 중요한 것은 인용문의 마지막 문장이다. "인류는 정부를 조직했으며, 이 정부의 정당한 권력은 인민의 동의로부터 유래한다." 독립전쟁은 부당한 정부, 즉 아메리카 식민지 정착민들이 포학하고 야만적이며 불합리하다고 생각한 영국의 통치에 맞선 저항이었다. 따라서 독립 선언서와 그에 뒤이어 작성된 헌법은 정부에게 허용되는 것과 허용되지 않는 것을 정하고, 권력 행사가 지나치게 오만하지 않고 뚜렷한 한계 내에서 이루어지도록 하기 위해 광범위한 견제와 균형 장치를 마련하는 데 세심한 주의를 기울였다. 각 주 정부와 연방정부의 관계가 이런 방식으로 규정되었고, 표현의 자유라는 이상이 전례 없이 보장받았으며, 정부라는 이념 자체가 피치자들의 동의를 조건으로 수립되었다. 어떤 의미에서 보면 혁명과 불확실성이 체제 속에 존재하게 된 것이다. 체제는 그 목적에 봉사할 때에만 적절한 것이었고, 만약 그렇지 못할 경우에는 없애버리고 새로운 체제를 도입할 수 있었

독립전쟁 중 원성의 대상이 된 영국왕 조지 3세의 동상을 무너뜨리는 광경으로 윌리엄 월컷의 그림이다. 아메리카 식민지에 대한 국왕의 무도한 행위들은 독립선언서에 열거되어 있다.

다. 표현의 자유를 보장해야 한다는 생각은 진실이 항상 권력자의 눈에 드는 상품만은 아니라는 사실을 인정하는 것이었다.

이러한 점이 소로에 대해 갖는 중요한 의미는 개인들이 자기의 이름으로 어떤 일이 행해지고 있는지를 항상 주목하고, 필요한 경우에는 정부에 대한 동의를 거둘 의지와 능력이 있을 때에만 정부라는 체제가 작동한다는 점에 있었다. 국민의 동의에 의존하는 정부가 적합한 정부라면 국민들은 정부가 무슨 일을 하는지 알아야 하며, 더욱 중요하게는 정부는 국민 개인이 마땅히 정부가 해야 한다고 생각하는 바를 행해야 한다. 개인에 대한 소로의 강조는 『시민 불복종』에서 가장 중요하다. 소로는 다수의 견해에 관심을 갖지 않았다. 다수의 견해가 우월하다는 생각은 다수가 물리적으로 강하다는 가정에 토대를 두고 있지만, 적어도 소로의 경우에 이런 가정은 어떤 것도 정당화하지 못한다. 소로가 보기

시민들이 공개 회합을 열어 공공의 관심사를 논의하는 관습은 19세기 미국 정치문화의 일부이다.

에 동의는 각 개인이 자기의 양심에 따라 내리는 도덕적 판단이다. 이러한 소로의 사상은 그 역시 일원인 미합중국의 건국 문서들과 직접적으로 관련된다고 볼 수 있다.

초월주의

새로운 사상과 새로운 기원의 필요성은 정치가 아닌 다른 영역에서도 나타났다. 1830년대 뉴잉글랜드에서 태동한 초월주의 운동은 유니테리언주의*에 그 뿌리를 둔 것이다. 유니테리언주의는 뉴잉글랜드에 처음 정착한 청교도들이 신봉하는 엄격한 칼뱅주의에 대한 반발로 생겨났다.

---

* 유니테리언주의(Unitarianism)는 기독교의 한 종파로 삼위일체설과 예수의 신성(神性)을 부정하고 하느님의 단일성을 강조한다. 성서에 기초한 정통 교리보다 인간의 이성, 도덕, 열망을 중요시하는 성향 때문에 이후 초월주의 운동에 영향을 미친다.

유니테리언주의는 칼뱅주의의 종교적 경직성에 대한 반발로 성장했다. 유니테리언 교도들은 구원의 과정에서 윤리가 어떤 자리를 차지하는가를 찾으려 했고, 유니테리언주의의 여러 측면은 초월주의로 발전했다.

칼뱅주의는 인간은 원죄로 인해 나면서부터 타락했고, 하나님의 선민(選民)만이 그리스도의 대속(代贖 ; 예수가 십자가에 못 박힘으로써 만인을 대신해 속죄함)을 통해 구원된다는 것을 중심 교의로 한다. 따라서 칼뱅주의는 하나님의 은총이 불가해하다는 점을 강조했다. 여기에는 윤리가 자리잡을 여지가 없었고, 개인의 행동과 인격은 그가 구원을 받느냐와는 무관한 문제였다. 이와 같은 경직된 교리는 청교도 성직자들 사이에서 상당한 논쟁을 불러일으켰고, 시간이 흐름에 따라 많은 이들이 구원의 과정에서 개인의 신앙심과 윤리적 실천에 일정한 자리를 내주는 더 관대한 견해를 공식화하기 시작했다.

1805년 자유주의 신학자인 헨리 웨어가 하버드대학 신학부 교수로 선출되면서 이러한 논쟁은 정점에 달했다. 정통 칼뱅주의자들은 웨어의 선출에 반대했고, 이를 둘러싼 논란으로 결국 1825년 유니테리언 교회

지금도 많은 사람들은 에머슨이야말로 미국만의 고유한 문화를 낳은 아버지라고 생각하며, 그의 책 『자연』은 초월주의의 경전이었다.

가 창립되었다. 이 교파는 각 개인에게 잠재적인 신성(神性)이 있다는 점을 신학 교육의 토대로 삼았다. 칼뱅주의에 반기를 든 유니테리언주의는 영적인 삶이란 각 개인이 자신의 영적 자원을 개발하기 위해 끊임없이 노력하는 것이라고 정의했다.

초월주의 운동의 창시자이자 미국 문학과 철학의 진정한 개척자인 랠프 왈도 에머슨은 그 자신이 유니테리언 교회 목사였다. 에머슨의 할아버지와 아버지도 유니테리언 교회 목사였고, 에머슨은 하버드대학 신학부를 졸업한 뒤인 1829년에 보스턴 제2유니테리언 교회의 목사가 되었다. 그러나 1832년에 목사직을 그만두었는데, 아내가 때아닌 죽음을 맞은 탓도 있고 집안 전통에 대한 반쯤 의식적인 반항 때문일 수도 있겠지만, 무엇보다 근본적인 이유는 역사적으로 기독교의 통찰력이 협소한 데 대한 불만이었다. 에머슨은 자신의 종교적 배경에서 벗어나고 싶어

콩코드에 있는 에머슨의 집. 에머슨이 이 마을에 사는 동안 너새니얼 호손, 마거릿 풀러, 브론슨 올컷 등 수많은 작가들이 모여들었으며, 결국 콩코드는 소로의 시대에 지적·문화적 중심지가 되었다.

했고, 결국 훗날 초월주의*라는 새로운 이념의 세속적인 사제가 되었다.

초월주의의 첫번째 텍스트는 1836년에 출간된 에머슨의 책 『자연』이다. 첫 페이지에서부터 에머슨이 몰두할 일생의 작업을 예고하는 논조가 보인다.

우리 시대는 회고적이다. 이 시대는 아버지들의 무덤을 세운다. …… 앞선 세대들은 하나님과 자연을 직접 본 반면 우리는 그들의 눈을 통해 본다. …… 정녕 우리는 전통이 아닌 통찰력의 시와 철학을, 그들의 역사가 아닌 우리의 계시에 의한 종교를 가질 수 없단 말인가?

『자연』에 담긴 상상력의 토대는 '인간 내면의 신성(神性)', 즉 세속과 물질세계를 뛰어넘고 자연에 대한 강렬한 응시를 통해 알아낸 도덕률에 따라 살 수 있으며, 영적 고결함과 숭고함을 이룰 수 있는 개별 자아의 힘이었다. 초월주의 운동은 낭만주의 문학, 특히 셸리의 말마따나 "세계의 알려지지 않은 입법가"로서의 시인인 워즈워스, 콜리지, 괴테

---

* 초월주의(Transcendentalism)는 현실세계의 배후에 감각으로 파악할 수 없는 초월세계가 존재한다고 믿으며 물질에 대한 정신의 우위를 강조한다. 19세기 뉴잉글랜드의 문학 및 철학운동을 지배했던 사상으로 인간의 내면에는 신성한 영혼이 있고 노력을 통해 일상생활에서 그러한 영혼을 일깨울 수 있음을 설파한다—원주.

의 작품에 큰 영향을 받았다. 그러나 에머슨은 이러
한 구세계의 영향력에서 벗어나 미국 고유의 문화
를 창조하고, 기존 유럽 문명에 대한 문화적 예속과
저속한 물질주의에 빠지기 쉬운 초기의 모든 경향
에서 미국을 구해내려고 애썼다.

1837년 에머슨은 하버드대학에서 졸업생을 대
상으로 연설을 했는데, 이는 나중에 「미국의 학자」
라는 제목으로 발표되었다. 헨리 데이비드 소로도
연설을 들은 청중 가운데 한 명이었다. 1834년에
에머슨이 소로의 고향 마을인 콩코드로 이사를 오
긴 했지만, 소로와 에머슨이 언제 처음 만났는지는

1833년 워즈워스를 직접 만난 에머슨
은 그에게 큰 인상을 받진 못했다. 하지
만 에머슨의 철학은 워즈워스 같은 영국
낭만주의자들의 사상에 큰 영향을 받은
것이다.

확실하지 않다. 확실한 것은 에머슨이 소로에게 지대한 영향을 미쳤다
는 점이다. 에머슨의 『자연』을 읽고 큰 감명을 받은 소로는 한 친구에게
졸업 선물로 이 책을 주었고, 에머슨은 소로가 장학금을 받을 수 있도록
하버드대학 총장에게 편지를 쓰기도 했다. 이런 행동은 소로의 생애 내
내 그의 길잡이이자 후원자, 친구이자 가장 호된 비판자로서 항상 그림
자를 드리웠던 에머슨의 면모를 잘 보여준다. 「미국의 학자」에는 '올바
른 삶'에 관한 사유를 비롯해 소로의 후기 작품에서 중심을 차지하는 많
은 사상이 담겨 있다. 에머슨은 혁명의 시대라 할 수 있는 당대에 학자
가 해야 할 역할을 제시했다.

사람이 태어나고 싶은 시대가 있다면 그것은 혁명의 시대가 아닐까? 낡
은 것과 새 것이 나란히 존재하면서 비교되는 시대이자 …… 새 시대

의 풍부한 가능성으로 옛 시대의 역사적 영광을 보상할 수 있는 시대 말이다.

책, 경험, 자연에 의한 학자의 교육이 언급되는데 무엇보다 강조되는 것은 자연이다.

시간적으로 가장 빨리, 그리고 가장 중요하게 인간의 정신에 영향을 미치는 것은 자연이다.

에머슨은 워즈워스와 소로처럼 자연을 인간의 정신이 투영된 것으로 본다. 에머슨이 보기에 자연이야말로 인간의 삶에서 가장 중요한 결정적인 힘이었다. 소로는 자연을 중심적인 연구 주제로 삼게 되는데, 역설적이게도 이는 훗날 두 사람의 거리가 멀어지는 주된 계기가 된다.
에머슨은 자신의 사상에서 개인의 중심성을 강조한다.

개인을 하나의 소왕국으로 만드는 경향이 있는 모든 것 —— 자연에 대한 경외감이라는 보호막으로 개인을 에워쌈으로써 각 개인이 세계를 자기 것이라 느끼게 하고 인간과 인간이 주권국가와 주권국가처럼 서로를 대하게 만드는 모든 것 —— 은 탁월함뿐만 아니라 진정한 결합까지 낳는다.

이는 소로의 철학에서도 근본원리임을 볼 수 있는데, 『시민 불복종』에서 소로는 몇 번이고 거듭해서 대중, 군중심리, 국가에 맞서 개인

이 갖는 중요성과 힘을 옹호한다. 에머슨은 미국
문화를 되찾자는 낭랑한 호소로 연설을 끝맺는다.

> 공적 탐욕과 사적 탐욕이 우리가 숨쉬는 공기를
> 가득 메우고 있다. …… 비천한 대상을 목표로
> 삼도록 훈육된 이 나라의 정신은 스스로를 삼켜
> 버린다. …… 우리는 우리의 두 다리로 설 것이
> 다. 우리의 두 손으로 일할 것이다. 우리 자신의
> 생각을 말할 것이다.

이러한 초월주의 사상은 소로라는 천재의 음
조와 가락이 맞아떨어졌다. 소로가 순식간에 에머
슨의 가장 가까운 제자가 된 것도 놀랄 일은 아니다.

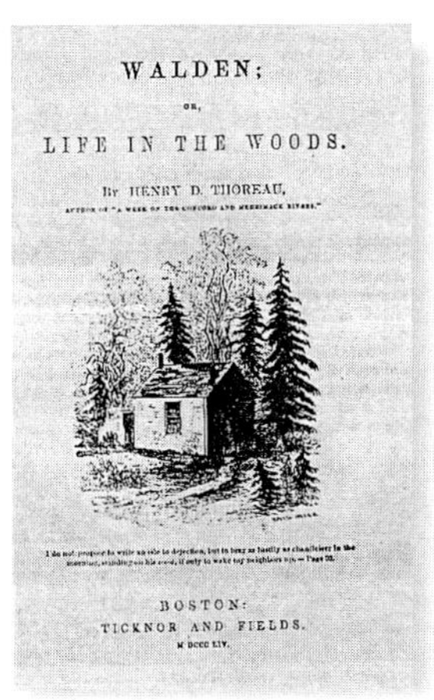

에머슨의 후원은 소로가 작가로서 경력을
쌓는 데 막대한 역할을 했다. 에머슨은 이
젊은 작가가 실험적인 삶을 살 수 있도록
월든 호수 근처 자신의 땅에 오두막을 짓
게끔 허락하여 소로의 가장 유명한 책,
『월든』의 토대를 마련해 주기도 했다.

소로와 에머슨

소로와 에머슨의 관계는 복잡하기 그지없고, 여기서 그 관계를 정확하
게 논하는 것은 불가능하다. 처음 교우를 나누던 몇 년간은 에머슨이 소
로의 후원자 역할을 하면서 첫 책의 출판에 관해 조언해주고 초월주의
잡지인 『다이얼』의 편집을 돕도록 채용하기도 했다. 소로는 에머슨의
집에서 기거했고, 에머슨 조카들의 가정교사로 일했으며, 월든 호숫가
에 있는 에머슨의 땅에 오두막을 짓고 살면서 훗날 자신의 가장 유명한
책이 된 『월든』의 토대를 마련했다. 반대로 에머슨의 사상은 소로의 열
정과 독창성에 자극받은 것이었고, 문화적 계몽이 실현되리라는 소로의

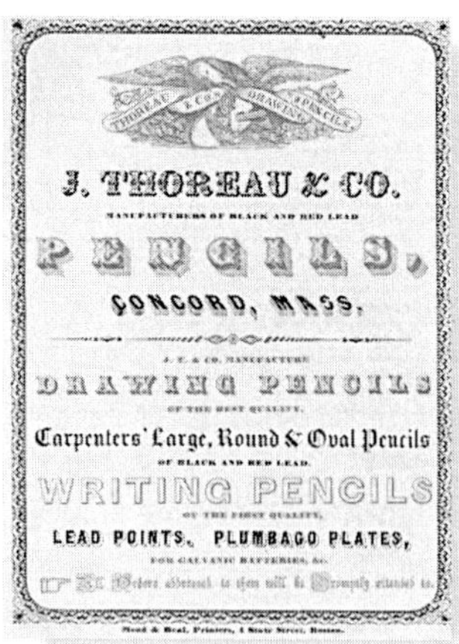

소로가(家)의 연필제조회사는 1823년에 설립되었고, 소로는 연필제조회사에서 간간이 일하여 어느 정도의 수입을 얻을 수 있었다.

통찰력 또한 에머슨에게 영향을 미쳤다.

두 사람의 관계는 분명 균형이 맞지 않았다. 에머슨은 소로보다 열네 살이 많았고, 소로가 자기 아들이라도 되는 양 일기장에 습관적으로 "귀여운 헨리"라고 썼다. 에머슨은 사별한 부인의 재산 덕분에 돈을 벌지 않고 문학에만 전념하면서 생활할 수 있었고, 집안 덕에 보스턴 상류층에 아는 사람이 많았으며, 초월주의자 집단에서도 인정받는 지도자였다. 반면 대학을 갓 졸업한 소로에게는 그런 이점이 하나도 없었다. 소로는 교사일과 가업인 연필제조업 일을 했다. 비슷한 점이 있다면 둘 다 꽤나 까다로운 성격의 인물이었다는 점이다. 에머슨은 스스로도 인정하듯이 냉정한 감정의 소유자인데다가 말수가 적고 사람들 앞에 나서길 꺼려했다. 소로 역시 유별나게 까다롭고 다른 사람의 결점을 참지 못하는 성격이었다. 그렇지만 둘의 우정이 가장 깊었던 시기에 두 사람의 영혼은 본질적인, 아니 거의 신비적인 관계 속에서 합일을 이루었다.

이와 같은 고귀한 관계에는 많은 것이 요구되기 때문에 어떤 긴장에 관계가 쉽게 무너지는 것은 어쩌면 불가피한 일이었다. 자아의 신성을 강조하는 초월주의의 엄격한 사상은 사회적 관계를 유지하기 위해 상대방의 결점을 이해해주는 관용과 융통성을 용납하지 않기 때문이다. 에머슨과 소로 각자의 일기에는 믿음, 신뢰, 고결함 등의 어휘로 두 사람의 관계가 표현되어 있다. 둘의 사이는 실제 성격과 감정, 세속적인

환경 등이 전혀 문제되지 않았다. 그러나 시간
이 흐름에 따라 소로는 에머슨이 자기를 위해
뚫어놓은 듯 보이는 지적 경로를 따라가고 싶
지 않다는 뜻을 나타냈다. 두 사람의 철학이
다른 길을 걷기 시작하고 서로에 대한 이상이
순식간에 연기처럼 사라져버리자, '평범한' 우
정조차 아주 어려운 것이 되었다. '이상'에 너
무나도 많은 것을 쏟아부은 까닭이었다.

새뮤얼 우스터 라우즈가 1854년에 그린 소로
의 모습. 이 무렵에 소로는 에머슨의 영향에서
벗어나 독자적인 사상을 추구하고 있었다.

　　두 사람의 불화는 중요한 의미를 갖는데,
소로가 훗날 명성을 얻게 되는 과정과 밀접한
관계가 있기 때문이다. 1849년경에 이르러 둘 사이의 균열이 뚜렷해졌
고 각자는 서로에 대해 실망과 분노, 체념이 뒤섞인 글을 쓰게 된다. 에
머슨은 제자로 생각했던 소로가 아무 쓸모도 없는 자연 탐구와 기이한
은둔 실험으로 재능을 낭비하고 있는 걸 보고 질겁했다. 또한 소로가 사
회에 적극적으로 참여하지 않는 것에 실망했다. 한편 소로는 에머슨이
점점 문명에 바보처럼 순응하는 것이 불만이었다.

　　내 친구의 교우관계와 친분이 있는 사람들——내 친구의 취향과 습관
을 말해주는——이 어떠한가를 생각해보면 우리 사이의 차이가 뚜렷해
진다. 나는 이러한 친구, 아는 사람, 취향과 습관이 모두 내 친구의 자
아임을 안다.

　　1840년대에 에머슨은 어린 아들의 죽음으로 인해, 소로를 필두로

한 문학적 '아들들'이 「미국의 학자」에서 제시한 과제를 맡지 않음으로 인해 정신적 위기에 빠져 있었다.

우리 덕분에 새로운 세계에 살게 된 젊은이들은 언제든 아낌없는 약속을 하지만 결코 빚을 갚지는 않는다. 젊은이들은 이른 나이에 세상을 떠서 책임을 면하거나 설령 살아 있다 하더라도 군중 속으로 모습을 감춘다.

에머슨의 이상주의가 점차 약해지면서 이상을 제한하는 현실을 받아들이는 쪽으로 변하는 듯 보였을 때("우리는 온갖 표면의 한복판에 살고 있으니, 진정한 삶의 기술은 그 위에서 얼음을 지치듯 미끄러지는 것이다"), 소로는 사회와 문명의 요구에 굴하지 않는 급진적 개인주의를 추구하고 있었다. 1850년대에 에머슨이 둘 사이의 반목을 수습하려고 애를 썼지만, 두 사람을 갈라놓는 근본적인 철학의 차이는 여전히 극복할 수 없었다. 가령 소로는 에머슨이 1847년 두번째로 방문한 유럽의 물질적·사회적 진보에 열광을 감추지 못하는 데 대해 혐오감을 느꼈다. 둘의 반목은 미국 문화의 심장부를 향한 경쟁을 극적으로 보여주었다. 1862년 소로가 44세의 젊은 나이로 세상을 떠난 뒤에도 에머슨은 끝까지 양보하지 않았다. 우리는 그 결과를 뒤에서 자세히 살펴볼 것이다.

소로의 정치학

대중강연회는 19세기 미국에서 흔히 볼 수 있는 대중 교육방법이었고, 인구 밀집지역마다 강당이나 문화회관이 있었다. 1839년 당시 매사추

당시에는 순회 대중강연회의 인기가 매우 좋았다. 에머슨 같은 이는 겨울 한 철 강연회로 2천 달러 정도를 벌어 안락한 생활을 누릴 수 있었다. 이는 숙련노동자 연봉의 네 배에 이르는 액수였다.

세츠 주에만 문화회관이 137곳 있었고 교육, 과학, 문학, 정치 분야의 연사에게 연단을 제공하는 순회강연회가 매주 열렸다. 강연 여행은 에머슨의 주 소득원이었고, 특히 음울한 겨울날 저녁시간에는 강연이 인기 있는 유흥과 교육의 장이었다. 1840년대 무렵에는 노예제와 노예제 폐지론이 흔한 강연 주제였다.

　『시민 불복종』에서 표명된 소로의 정치사상이 특별히 독창적인 것은 아니었다. 국가와 개인의 적절한 관계에 관한 여러 가지 주장, 개인의 양심과 국가의 법률이 상충되는 요구, 사회 질서를 유지한다는 약속의 대가로 개인의 자유를 일부 양도한다는 사회계약 사상──이 모든 관념은 소로가 글을 쓸 당시 유행하던 것으로, 소로의 글에서도 비중 있게 다루어지고 있다. 소로에게 독특한 점은 그의 문체가 가진 힘과 몸소 행한 실천의 상징적인 힘이었다. 놀랄 만한 일은 아니겠지만, 소로의 작품에 중요한 선구자적 역할을 한 것은 1844년에 발표된 에머슨의 「정치」였다.

에머슨은 기질상 소로보다 보수적이었고, 훗날 두 사람 사이가 멀어지게 된 것도 에머슨이 젊은 제자의 다루기 힘든 급진주의와 반(反)사회적 태도에 질린 탓도 있었다. 실제로 「정치」는 도덕률을 소유의 힘과 동일시하는 뚜렷한 보수주의의 어조로 시작된다. 훗날 만년의 에머슨은 자유방임식 경쟁을 최상의 사회체제라고 실용주의적으로 인정하는 듯 보인다. 이런 경쟁이 우리의 타고난 본성에 가장 잘 들어맞는 것이므로 혹여 중간 과정에서 불상사가 생길 수는 있지만 최종 결과는 사회의 가장 바람직한 모습이라는 것이었다. 그렇지만 1844년만 해도 에머슨은 개인의 힘에 대한 믿음을 견지하고 있었고, 그가 쓴 대부분의 저작은 도덕률과 비교되는 정부의 초라함이나 강압이 아닌 사랑에 토대를 두고 사회를 수립해야 한다는 의지로 이루어져 있다. 따라서 「정치」에는 소로의 입장을 암시하는 구절들이 있다.

형식적인 정부의 이런 폐해에 대한 해독제는 사적 인격의 영향력, 개인의 성장 …… 현명한 인간의 출현이다. 이런 인간에게 현존 정부는 초라한 모방에 불과할 뿐임을 인정해야만 한다. …… 국가는 현명한 인간을 양성하기 위해 존재하며 현명한 인간의 출현과 함께 소멸한다.

이것은 소로가 쓴 글의 핵심이기도 하다. 현명한 인간의 중요성 말이다. 소로의 목표는 개인의 힘을 극적으로 표현하는 것이었다고 말해도 좋으리라.

70대의 에머슨은 미국 문단의 거장이 되어 있었다. 그의 저작은 미국의 수많은 철학자, 시인, 소설가들을 매혹시켰고 그들에게 영감과 자극을 주었다.

국가가 자신의 권력과 권위의 원천으로서 개인을 더욱 고귀하고 독립된 힘으로 인정하고 그에 걸맞게 대접하지 않는 한, 진정으로 자유롭고 계몽된 국가는 없을 것이다.

그리고 에머슨의 「정치」 마지막쯤에서 우리는 다음과 같은 구절을 발견할 수 있다.

정직의 힘은 정의와 사랑의 원리에 입각하여 국가를 혁신하려는 폭넓은 구상을 가능하게 해준다. 그러나 이것을 확고한 신념으로 지닌 사람은 아무도 없었다. …… 자기 자신의 도덕적 본성이라는 단순한 이유에 근거하여 법률의 권위를 꾸준히 부인한 사람이 단 한 명도 떠오르지 않는다.

아마 소로는 이를 일종의 도전으로 보았을 것이다. 여하튼 소로가 인두세 납부를 거부해 법률의 권위를 부인하고 자신의 그러한 행동에 대해 썼던 글을 바로 이러한 종류의 폭넓은 구상으로 여겼다고 해석해도 지나치지는 않을 것이다.

에머슨은 소로의 반정부 행동과 투옥에 대해 독특한 양면적 태도를 보였다. 1846년 어느 날의 일기에서 에머슨은 "왕 한 명과 신민 한 명으로 이루어진 군주제말고는 어느 정부도 네 마음에 들지 않을 것"이라고 푸념했으며, 전하는 바에 따르면 누군가 대화를 나누던 중에 소로의 행동을 들먹이면서 "책임을 회피하는 상스러운 짓"이라고 했다고 썼다. 아마 소로의 열광적인 기질에 거부감을 느낀 듯하다. 훗날 소로의 장례식 추도사에서 언급한 것과 같은 종류의 괴팍한 외고집 말이다. 에머슨은 소로가 이러한 "두 얼굴이 모호하게 뒤섞인 예수회 같은 세계"에 머물러 있다고 비난했다.

물론 어떤 의미에서는 에머슨이 옳다. 소로가 예언자처럼 바깥으로 걸어나와 말을 하는 반면, 에머슨은 항상 울타리를 친 채 행동의 동기와 결과를 질문하고 눈에 띄게 행동을 삼간다. 에머슨이 감옥에 있는 소로를 면회하러 가서 크게 화를 내며 "자네 왜 여기 있는가?"라고 물었

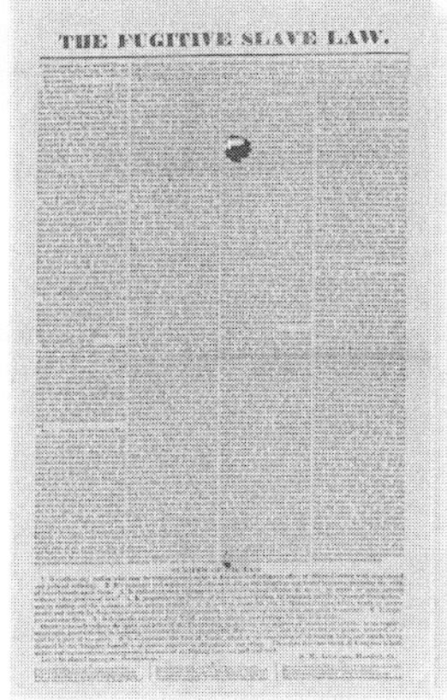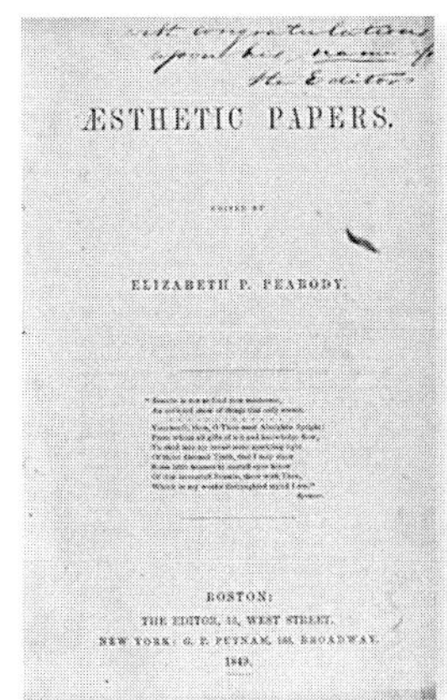

탈주노예법은 도망친 노예를 체포하여 원래 주인에게 돌려보낼 수 있게 한 법률이다(왼쪽). 에머슨을 비롯한 많은 뉴잉글랜드 사람들은 이에 대해 격렬하게 반대했다. 『시민 불복종』은 「시민정부에 대한 저항」이라는 제목으로 잡지 『미학 연구』에 처음 발표되었다(오른쪽). 잡지 편집인인 엘리자베스 피바디는 이 잡지를 다양한 견해를 포괄하는 이상적인 논의의 장으로 구상했다. 그러나 첫 호이자 마지막 호를 끝으로 사라진 잡지의 구독자는 50명에 지나지 않았다.

다는 유명한 일화가 있다. 소로는 신랄한 어조로 "당신은 왜 여기 있지 않습니까?"라고 답했다고 한다. 이 일화는 확실히 출처가 의심스럽다. 1850년 노예주(州)들을 달래려는 유화책으로 제2의 미주리타협*이 이루어진 뒤, 에머슨은 노예제 폐지운동을 지원하기에 이르렀고 새로 제

---

*1819년 미주리 지역이 연방 가입을 신청했을 당시 미국에는 각각 11개의 자유주와 노예주가 있었다. 그런데 미주리가 노예주로 가입을 신청했기 때문에 자유주와 노예주의 세력균형이 깨질 우려가 있었다. 1819년 때마침 메인 지역이 매사추세츠 주에서 분리하여 연방에 가입하려 하자 일종의 타협안으로 미주리는 노예주로 메인은 자유주로 가입시켜 세력균형을 맞추고, 북위 30° 36′의 북쪽에서는 노예제를 금지한다는 '미주리타협'(Missouri Compromise)이 이루어졌다. 한편 1849년 캘리포니아가 자유주로 연방 가입을 신청하자 새로운 지역에서 노예제를 허용하느냐 마느냐의 문제로 1850년 '또 한번의 미주리타협'이 이루어졌다. 이에 따라 캘리포니아는 자유주로 하되, 서부의 다른 지역은 주민주권의 원칙에 따라 자율적으로 노예주·자유주 여부를 결정하도록 했으며 탈주노예법을 더욱 강화시켰다. 이를 1819년의 미주리타협과 구별하기 위해 '1850년 타협'이라고 부르기도 한다.

정된 탈주노예법*에 반기를 든 첫번째이자 가장 호소력 있는 반대론자이기도 했던 것이다. 그렇지만 에머슨은 소로가 공유하지 않는 자신의 주장을 행동으로 옮기려는 의지가 미약한 편이었다.

소로의 강연이 『미학 연구』에 발표된 1849년에 이르러 에머슨은 입장을 바꾼 듯 보였다. 에머슨은 1838년에 쓴 「전쟁」이라는 에세이를 같은 잡지에 발표했는데, 소로의 강연을 뒷받침하는 글로 읽혀지기를 기대했던 게 분명하다.

무릇 사람은 재산과 건강과 생명으로 자신의 행동에 책임져야 하며 …… 스스로 하나의 왕국, 하나의 국가가 되어야 한다. …… 좋은 정부가 던져주는 기회와 이점을 기꺼이 활용하되 조금도 굽히지 않아야 하고, 설령 정부와 법과 질서가 무너지더라도 더 가난해져서는 안 된다.

소로 역시 똑같은 말을 하지만, 더 나아가 어떻게 하여 국가가 이러한 자립적인 삶을 가로막는지 보여준다.

나로 말할 것 같으면, 나는 내가 한순간이라도 정부의 보호에 의존하고 있다고 생각하고 싶지 않다. 그러나 정부가 세금고지서를 내밀 때 내가 그 권위를 부정한다면, 정부는 순식간에 나의 모든 재산을 빼앗

---

* 탈주노예법(Fugitive Slave Law)은 도망간 노예를 체포하여 원래 주인에게 돌려보낼 수 있게 한 법률이다. 1793년과 1850년 두 차례에 걸쳐 제정되면서 법적 강제력이 더욱 강화되었다(이 법이 시행되자 노예제에 반대하는 지하철도 운동이 더욱 확산되었다). 결국 이 법은 1864년 7월 28일 남북전쟁 중에 폐지되었다.

소로가 월든 호숫가의 오두막에 들어간 것은 세상과 단절하려는 것이 아니라 사람이 얼마나 단순하게 살 수 있는지를 보여주려는 일종의 실험이었다.

아 써버리고 나와 내 자식들을 끊임없이 괴롭힐 것이다. 이는 참기 힘든 일이다. 이렇게 되면 한 사람이 정직하게 살면서 동시에 외적인 면에서 편안하게 살기란 불가능하다.

그렇다면 의지할 수 있는 유일한 수단은 스스로 자신의 왕국이 되는 것이라고 소로는 말한다.

남의 땅을 빌리거나 무단으로 점유해야 할 것이며, 농사도 조금만 지어 바로 먹어치워야 할 것이다. 별 여유없이 근근이 살아야 할 뿐만 아니라 언제든지 짐을 꾸려 떠날 채비를 한 채로 자신만을 의지해야 하며, 많은 일을 벌여놓아서도 안 된다.

에머슨은 소로가 세상과 단절하려 한다고 비판했지만, 소로가 찾으려고 애쓴 것은 원칙을 가지고 느긋하게 사는 방법이었다. 에머슨이 보는 것과는 달리, 소로는 싸움을 하려고 하는 게 아니다.

나는 오로지 이 세상을 살기 좋은 곳으로 만들기 위해 여기 온 것이 아니라 좋건 나쁘건 여기서 살려고 온 것이다.

도덕률에 따라 살아야 한다는 절대적인 요구, 인간 속에 있는 신성, 인간 영혼의 진리성 ── 어떤 이름을 붙이건 간에 ── 등이 소로 정치학의 토대이며, 국가에 대한 그의 저항은 이러한 삶의 방식이 불가능하게 되는 지점에서 나타난다.

'편의'의 정치학과 도덕성의 원리

에머슨 외에 다른 두 명의 작가가 소로의 정치학에 영향을 미쳤다. 한 명은 영감의 원천이었으나 다른 한 명은 사상적 적수였다. 토머스 칼라일은 스코틀랜드 장로교도의 아들로서 원래는 목사 교육을 받았다. 비록 청교도 신앙을 버리기는 했지만, 칼라일은 여전히 물질주의적이고 기계론적인 '문명' 사회에 반기를 들었다. 반면 더 높은 진리인 영혼 관념에 애착을 보였으며 열정적인 이상주의라는 청교도적 세계관을 갖고 있었다. 두 사람은 서로 상대방의 저술을 찬탄했고, 칼라일은 소로에게 포괄적인 연구 주제를 제공한 유일한 작가였다. 소로는 칼라일로부터 두 개의 중요한 주제를 취했다. 하나는 외적 일치보다 내적 신념이 우월하다는 생각이다. 소로는 '법이 사람을 조금이라도 정의롭게 만든 적은 한 번도 없다"고 말하고 있다. 중요한 것은 무엇이 정의이고 무엇이 옳은가 하는 점이라고 소로는 말한다. 그것이 이웃 사람의 생각이나 이 나라의 법률, 아니 헌법 그 자체와 일치하는지 여부와 상관없이 말이다.

다른 하나는 사회의 봉홧불 역할을 하는 올바른 개인에 대한 인식이다. 칼라일은 이러한 영웅적 인물을 찬양했고 소로 역시 이에 동감했다. 칼라일이 보기에 근대사회의 갈등과 문제들은 다수로 이루어진 조직이 아니라 소수의 지혜를 통해 해결될 수 있었다. 『역사 속의 영웅, 영웅숭

칼라일은 영웅적 인물들에 대한 열광이 담긴 작품으로 소로의 심금을 울렸다.

배 및 영웅정신』에서 칼라일은 문학, 종교, 정치 등 여러 분야의 영웅적 인간을 사례로 들어 이러한 생각을 증명하려고 했다. 소로의 에세이 역시 생각 없는 다수의 힘에 맞서는 올바른 개인에 대한 찬가라 할 수 있다. "어떤 사람이든지 자기 이웃보다 더 정의로운 사람이라면 그는 이미 하나로서 다수를 이루고 있는 것이다."

반면 소로와 정반대되는 견해를 가진 윌리엄 페일리는 잉글랜드 북부 칼라일의 부주교로서 『도덕 및 정치철학 원리』의 저자이기도 하다. 페일리의 신학적 공리주의*는 윤리적 행동을 천국에서 보상을 바라

---

* 공리주의(utilitarianism)는 어떤 행위에 대해 도덕적으로 옳고 그름을 판단하기보다 일반의 행복을 얼마나 증진시키느냐에 따라 그 적절성을 평가하는 정치·철학적 교의를 말한다—원주.

페일리의 공리주의는 타산적인 행동보다는 의로운 행동에 전념한 소로의 원칙과 정반대되는 것이었다.

는 타산적인 욕망과 동일시했다. 선한 행동의 유일한 토대는 이기심이었다. 한 주석자는 페일리의 입장을 이렇게 요약했다. "그리스도가 이 세상에 온 것은 우리의 행동이 최대 다수의 최대 행복을 만족시키지 못하면 우리 모두 지옥으로 떨어질 것이라고 말해주기 위함이었다." 페일리의 정치학 역시 이러한 윤리적 관점에서 나왔다. 페일리에 따르면, 정부가 일반 사회의 이익을 보장해주는 한 국민은 정부에 순종해야 하며, 혁명과 저항은 예측 불가능하고 원치 않는 부수효과를 낳는 경향이 있으므로 피해야만 한다. 페일리가 보기에 정부 문제와 관련하여 고려할 유일한 점은 '편의'이다.

소로는 이러한 견해를 경멸했다. 페일리가 자신의 저서 중 한 장의 제목을 「시민정부에 대한 복종의 의무」라고 붙인 데 대해 소로는 자신의 글을 「시민정부에 대한 저항」이라 칭함으로써 자신의 의도를 분명하게 밝혔다. 편의는 단지 강한 자들의 통치를 의미한다. 자기 편의 힘이 세거나 수가 많은 자들의 통치 말이다. 소로는 개인의 양심이 양도불가능하다는 점에 관심을 갖는다. 소로가 보기에 최대 다수의 최대 선(善)이란 도덕적으로 공허한 관념에 불과하며, 시민사회의 보존이 정부의 유일한 목적이 되어야 한다는 통념 역시 마찬가지이다. 타산적인 고려는 하나의 수단으로서는 중요하지만 그 이상은 아니다. 정부의 목적은 도덕에 입각하여 판단되어야 하며 다수는 도덕적인 실체가 아니다.

만약 내가 물에 빠진 사람의 널빤지를 부당하게 빼앗았다면, 나는 설령 내가 물에 빠져 죽는 한이 있더라도 그것을 돌려주어야 한다. 페일리의 말대로 한다면 이것은 불편한 일일 것이다. 그러나 널빤지를 돌려주지 않을 경우 물에 빠져 자기 목숨을 구하려고 하는 사람은 죽고 말 것이다. 이 나라 국민은 노예 소유와 멕시코에 대한 전쟁을 멈추어야 한다. 설령 그렇게 하여 한 나라의 국민으로서 존재하지 못하게 되더라도 말이다.

링컨에게 남북전쟁은 노예제 폐지를 위한 싸움이라기보다는 자신이 지켜야 한다고 생각했던 연방에서 남부 주들이 탈퇴한 데 대한 불가피한 대응이었다.

소로는 정치적인 행동을 항상 도덕성이라는 잣대로 판단한다. 아울러 남북전쟁이 발발하기 십여 년 전 이미 내전의 가능성을 인식했을 만큼 자신의 입장이 어떤 결과를 낳을지 잘 알고 있었다. 우리는 소로의 발언을 당대에 가장 유명한 정치인이었던 에이브러햄 링컨의 말과 비교해볼 수 있다. 1862년 링컨은 신문 편집인인 호레이스 그릴리에게 다음과 같은 서한을 보냈다.

이번 싸움에서 제가 노리는 주된 목표는 연방을 구하는 것이지 노예제를 유지하거나 폐지하는 것이 아닙니다. 만일 노예를 단 한 명도 해방시키지 않고 연방을 구할 수 있다면 저는 그렇게 할 것입니다. 만일 모든 노예를 해방시켜서 연방을 구할 수 있다면 그렇게 할 것입니다. 그리고 만일 노예를 일부는 해방시키고 나머지는 그대로 두어서 연방을 구할 수 있다면 저는 또한 그렇게 할 것입니다.

링컨의 말은 정치인 특유의 실용주의를 반영하는 반면, 소로의 말은 예언자의 이상주의를 그대로 보여준다. 그러나 남북전쟁이 발발할 무렵 소로는 폐렴으로 사경을 헤매고 있었다. 애초에 북부의 대의명분을 지지했던 소로의 태도는 건강상태가 악화되면서 사그라드는 듯 보였고, 이 커다란 싸움을 수수방관하는 듯한 모습 때문에 소로가 죽은 뒤 여러 가지 좋지 않은 말이 퍼지게 된다.

『시민 불복종』의 직접적 배경

소로가 콩코드 문화회관에서 강연을 한 이유는 북부에서 노예제 지지전쟁이라고 비판한 1846년의 멕시코전쟁과 노예제에 대한 가슴속에서 우러난 반감 때문이었다. 노예제는 아메리카 대륙에 식민지를 개척할 때부터 정착되어 있었다. 노예제가 없었더라면 미국은 결코 탄생하지 못했으리라는 말이 비록 진실은 아니라 하더라도, 이 값싼 예속 노동력의 사용으로 담배와 쌀과 인디고 대농장의 수익이 향상된 것은 분명하다. 19세기경 북부에서는 노예제가 경제에서 차지하는 중요성이 줄어든 반면, 면화가 주요 환금작물이자 부의 원천이었던 남부에서는 여전히 유지되고 있었다. 노예제의 사회·문화적 의미도 마찬가지로 중요했다. 남부에서는 토지와 그 토지에서 일하는 노예를 소유한 지주들이 엘리트 지위를 확고하게 구축해놓고 있었다. 따라서 남부 사람들에게 노예제 폐지란 남부 신사들이 누리던 개화된 문화의 사지를 절단하는 것이자,

대농장을 이상적으로 그린 이 그림은 노예들을 바라보는 남부 엘리트 계층의 시선을 보여준다. 이들은 자신의 운명에 순응하며 살아가는 노예들을 온정주의적으로 바라보고 있다.

모든 사람이 인정하고 그에 따라 자신의 직분을 깨닫는 사회적 위계질서를 모조리 파괴하는 것이었다.

1830년대에 이르자 노예제는 점차 당대의 시대정신과 모순되는 것으로 보이기 시작했다. 미국을 휩쓴 복음주의의 부활은 선행에 대한 헌신과 죄악에 대한 배격으로 이어졌다. 그 중에서도 노예제가 가장 큰 죄악으로 간주되었다. 이와 동시에 계몽주의의 합리적 철학은 노예제를 노예소유주는 물론 노예까지 근본적으로 타락시키는 제도이자 근대사회에 발붙일 곳이 없는 제도라고 묘사했다. 그리고 1833년 영국의 서인도 제도 식민지에서 노예제가 폐지된 것도 미국의 노예제 폐지론자들을 자극했다.

북부에서 노예제 폐지론을 주도한 급진적 목소리는 노예제를 옹호하는 남부의 비타협적인 태도를 더욱 악화시켰다. 그 가운데 대표적 인물이 윌리엄 로이드 개리슨이다. 1831년 그가 보스턴에서 창간한 신문 『해방자』는 노예제 폐지론의 강력한 대변자였다. 개리슨은 무정부주의자였고, 노예제에 대한 적대감은 차치하더라도 다른 문제들에 대한 그의 견해 역시 주류사회가 받아들일 수 있는 선을 훨씬 넘어선 것이었다. 개리슨은 여성의 불평등한 사회적 지위를 비판한 선구적인 페미니스트였으며, 안식일과 기독교 성직자 집단을 비판했다. 『해방자』의 구독자는 소수에 불과했지만, 현란한 문체로 야만적이고 잔인한 남부의 특권계급을 묘사한 기사들은 복사되어 널리 유포되었다. 남부에서는 『해방자』를 북부의 노예제 반대 정서를 대변하는 신문으로 간주했다. 이는 실제보다 훨씬 과장되게 받아들인 것이었다. 이로 인해 남부에서는 포위공격을 당하고 있다는 강박관념이 생겨났고, 이런 망상은 이른바 남부 문화에 대한 북부의 위협을 막아야 한다는 극단적 반응을 낳았다. 사실 노예제 반대 정서가 북부에 널리 퍼져 있던 건 아니었고, 노예제 폐지론자들조차 개리슨을 위험한 혁명 맹신자로 보고 있었는데도 말이다.

노예제에 대한 북부의 반감은 흑인 노예들이 겪는 곤경에 대한 동정심보다는 불만을 품은 수많은 이방인들이 제기하는 안전상의 위협에 대한 두려움에 그 뿌리를 두고 있었다. 대규모 노예반란은 비교적 드물었지만(반란이 잔인하게 진압된 것을 보면 놀라운 일도 아니다), 1831년 버지니아 주에서 일어난 의미심장한 반란은 북부와 남부 모두에서 노예제 문제를 둘러싼 우려를 불러일으키기에 충분했다. 아울러 남부의 농업경제는 이미 사양길에 접어들었고 북부 경제의 근간인 상업과 공업이 미래 산업을 선도할 것이라는 생각이 널리 확산되었다. 따라서 북부 주

개리슨과 그가 펴낸 신문 『해방자』는 노예제를 둘러싼 북부와 남부의 시각차를 양극화하는 데 큰 영향을 미쳤다.

들은 미국이 서부 팽창을 계속하면서 새롭게 점유하는 변경 영토를 노예제 경제가 아닌 자유 경제로 흡수해야 한다고 마음을 굳혔다. 남부 노예주 들은 물론 더 많은 땅을 경작지로 만들고 싶어했으며, 이는 당연히 더 많은 노예를 의미했다.

사실 쟁점은 노예제 반대 정서보다는 남부와 북부의 권력 정치를 둘러싼 것이었다. 그러나 양쪽의 주장이 점점 양극화되고 지나친 상호 비방이 늘어나자 북부에서는 남부에 대한 적대감이 높아졌다. 이로써 북부는 노예제에 초점을 맞추어 남부를 비난하기 시작했다. 1848년 소로가 『시민 불복종』을 쓰고 있을 무렵 이미 노예제 문제는 북부와 남부 사이에 일어날 극심한 대립의 불씨가 되고 있었다. 멕시코전쟁은 연방 내에서 노예제를 둘러싸고 벌어진 파벌 간 충돌과 관련된 것이었다. 16세기 초 이래로 텍사스는 멕시코, 캘리포니아와 더불어 스페인 식민지였다. 19세기 초 멕시코에서는 식민 권력으로부터 독립하려는 움직임이 일기 시작했고, 이런 움직임은 식민지 수도 멕시코시티와 지리적으

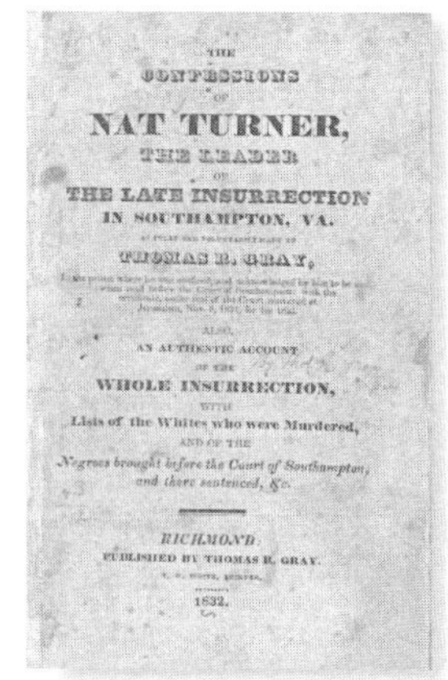

1831년 냇 터너가 이끈 노예반란으로 백인 55명이 목숨을 잃었다. 주에서 반란 가담자들을 처형했으나 백인 폭도들은 2백 명 이상의 노예를 살해했다.

로 가장 먼 텍사스에서 집중적으로 일어났다. 수 차례의 반란이 이어지고 때로는 성공을 거두기도 하면서 결국 1821년 멕시코는 독립을 이루었다. 그러나 독립투쟁을 거치는 동안 텍사스의 지위는 불확실해졌다. 미국은 텍사스가 스페인 통치 아래 있을 때 영유권을 주장했지만 1819년 조약을 맺으면서 이를 포기했다. 그렇지만 멕시코 독립 이후 많은 미국인들이 멕시코 정부의 장려를 받으며 텍사스로 이주했다.

당시 멕시코에서는 독재정부를 내세우는 중앙집권파와 공화제 민주주의자들인 연방파가 권력을 다투고 있었다. 1834년에 이르러 안토니오 로페스 데 산타 안나가 가까스로 독재 정권을 장악했다. 독재에 반대하는 연방파는 텍사스에 본거지를 두고 있었고, 1835년 이른바 텍사스혁명이 발발했다. 1836년 4월 텍사스는 독립 공화국임을 선포했고, 전투가 마무리될 무렵에는 멕시코 정부에 반대하는 내전으로 시작된 싸

1846~48년 멕시코전쟁에서 맞붙은 산타 안나(왼쪽)와 포크 대통령(오른쪽). 이 전쟁에서 미국이 승리함으로써 지금의 캘리포니아 주와 뉴멕시코 주가 미국 영토에 병합되었다.

움이 독립전쟁으로 바뀌어 있었다.

미국은 1837년 텍사스를 독립국으로 승인했고 텍사스 공화국은 미국 연방 가입을 위한 청원을 시작했다. 북부의 노예제 폐지론자들은 이에 강력하게 반대했는데, 텍사스가 노예주로 연방에 가입할 경우 노예제에 찬성하는 남부의 영향력이 커질 것을 우려했기 때문이다. 곧이어 의회는 청원과 반대청원이 쇄도하는 가운데 오랜 혼란으로 빠져들었다. 이러한 교착상태가 타개된 계기는 1844년의 대통령 선거였는데, 이 선거에서 민주당의 제임스 포크는 텍사스를 비롯한 서남부와 서부 영토를 연방으로 병합하자는 팽창주의 정책을 내세워 승리를 거두었다.

텍사스는 1845년 연방 가입을 정식으로 승인받았고, 미국은 혹시 있을지 모르는 멕시코의 공격으로부터 텍사스를 방어하기 위해 점령군을 배치했다. 이로 인해 텍사스의 독립을 결코 인정하지 않았던 멕시코

텍스스를 나타내는 별을 따로 그려넣은 제임스 포크의 선거운동 깃발. 이는 그가 공공연한 팽창주의 정책을 내세워 대통령에 선출되었음을 보여준다.

민족주의 정서에 불이 붙었고 미국과 멕시코의 전쟁은 불가피하게 되었다. 이리하여 텍사스 병합을 반대하던 북부는 미합중국이라는 이름 아래 남부의 노예소유주 권력을 대신하는 무력충돌에 빠져들게 되었다.

소로의 항의

노예제 문제를 법적으로 해결하는 유일한 방법은 헌법 수정이었다. 헌법에 따르면 연방 내 각 주는 자기 주의 문제를 독자적으로 결정할 권리가 있었고, 헌법을 수정하기 위해서는 전체 주 가운데 4분의 3의 비준이 필요했다. 그러나 1848년 당시 30개 주 가운데 15개 주가 노예주였고, 따라서 헌법 수정안이 통과될 가능성은 전무했다. 건국의 아버지들이 이렇게 처치 곤란한 문제를 후계자들에게 남겨놓은 것이다. 당대의 가장 거침없는 노예제 폐지 운동가였던 웬델 필립스는 헌법에 '친(親)노예제 맹약'이라는 딱지를 붙였다. 노예제 문제를 둘러싸고 북부와 남부 사이에 여론이 양극화되는 상황에서 정치체제는 상황을 뒤바꿀 수 있는 희망이 되지 못했다. 소로가 보기에 선거 정치는 무의미하기 짝이 없었고(소로는 선거를 '일종의 도박'이라고 규정했다), 정치적 절차에 동의한다는 인상을 주지 않기 위해 아예 투표를 하지 않았다. 『시민 불복종』에서 소로는 매사추세츠 주 출신 상원의원 다니엘 웹스터를 좋은 정치인이라고 평가하면서도 그의 정치적 미덕은 신중함과 편의라는 특징에서

나온다고 말한다. 그러나 이 두 단어 모두 소로의
도덕어휘 사전에서는 경멸적인 뜻으로 통용된다.

　정치적·법적 통로가 전부 막혀 있는 가운데
소로는 사회의 제도적 틀을 박차고 나가는 쪽을
택했으며 가장 강력한 지반 위에서 노예제에 반
대한다. 가장 강력한 지반이란 각 개인의 양심에
호소하는 도덕성을 말한다. 소로는 한 사람 한 사
람에게 "당신의 표를 모조리 던져라. 종이쪽지 한
장이 아니라 당신의 영향력 전부를 던져라"라고
촉구하는데, 이는 각 개인이 정치인에게 단순히
의존할 게 아니라 적극적인 역할을 맡아야 한다

필립스는 변호사이자 개리슨이 회장으로
있던 노예제반대협회의 핵심 회원이었다.
필립스는 노예제 반대 진영에서 가장 탁월
한 연설가였으며, 노예제가 폐지된 뒤에는
여성권 및 보통선거권 운동에 나섰다.

는 뜻이다. 소로는 노예의 나라에서 정직한 사람이 있을 유일한 자리는
감옥이라고 말하면서 노예의 정부이기도 한 정치 조직을 (자기의) 정부
로 인정하지 않는다. 매사추세츠 주는 노예제에 가장 강력하게 반대하
는 북부 주이자 노예제 폐지 운동의 중심지였다. 그러므로 소로에게는
강연을 통해 자신의 주장을 급진화할 수 있는 공감의 토대가 있었다.

　소로가 한 강연의 핵심은 인두세를 내지 않아 감옥에서 보내게 된
하룻밤에 관한 설명이다. 소로는 1843년 이래 계속해서 주 정부에 인두
세를 내지 않았는데, 도망노예를 원래 주인에게 되돌려주는 짓에 매사
추세츠 주가 연루된 데 대한 항의의 일환이었을 것이다. 연방법인 1793
년의 탈주노예법에 따르면 자유주가 남부에서 도망친 노예들을 숨겨주
지 못하게 되어 있었다. 1842년 매사추세츠 주에서 조지 래티머라는 도
망노예를 노예주로 돌려보내려는 시도가 있었다. 그러자 격렬한 항의소

올컷(왼쪽)은 콩코드 초월주의자 집단의 일원이자 노예제 폐지 운동가였다. 1854년 보스턴에서 도망노예 앤서니 번즈가 체포된 뒤 잇따라 소요가 벌어졌는데 이 와중에 올컷은 번즈의 석방을 요구하기 위해 보스턴 재판소를 상대로 1인 대리위원단을 결성하여 유명세를 떨쳤다. 웹스터(오른쪽)는 1850년 상원에서 통과된 탈주노예법을 옹호하여 많은 노예제 폐지론자들에게 경멸을 받았다. 탈주노예법은 연방을 보전하고 노예제를 둘러싼 대립을 진정시키기 위해 타결된 1850년 제2의 미주리타협의 일환으로 제정되었다.

동이 일었고 결국 이듬해인 1843년 어떤 주(州) 관리도 도망노예를 돌려보내는 데 조력해서는 안 된다는 내용의 주법이 통과되었다.

소로가 인두세 납부를 중단하고 감옥에 갇히기까지 3년이라는 시간 간격이 있는데 그 이유는 불분명하다. 당시 인두세 미납은 흔히 있는 일이었는데, 그 이유는 대부분 신념보다는 가난 때문이었다. 인두세를 내지 않은 사람은 투표를 할 수 없었지만 당국이 체납자를 추적하는 일은 거의 없었는데, 대부분 체납액에 해당하는 만큼 압류할 재산이 전혀 없었기 때문이다. 노예제 폐지론자인 브론슨 올컷과 찰스 레인 역시 1843년 노예제에 대한 항의의 표시로 인두세 납부를 거부하여 체포되었지만 다른 사람이 대신 세금을 납부해 풀려났다. 소로는 그 직후에 인두세 납부를 중단했지만 체포되지는 않았다. 아마 개인적인 항의였기 때문일 것이다. 레인과 올컷은 개리슨이 주도하는 노예제 폐지 운동조직의 구성원이었고, 따라서 한결 많은 사람들의 이목을 끌어모았다. 콩코드의 세금징수원인 샘 스테이플즈가 소로의 사냥 동료였던 것도 소로가 한동안 체포되지 않은 이유 중 하나일 것이다.

1846년 멕시코전쟁이 발발하자 소로는 자신의 항의를 더욱 널리 알려야겠다고 느낀 듯하다. 소로는 『보스턴 쿠리어』에 쓴 논설에서 전쟁에 반대하며 개인 양심의 중심성이라는 원칙을 상세하게 설명했다. "만약 국가의 법이 내 양심이 금지하는 바를 명령한다면 내 양심이 더 우월해야 하는 것 아닌가?" 소로는 멕시코를 상대로 한 전쟁에서 미국 군대에 복무하는 일을 거부할 것이라고 밝혔다. 멕시코전쟁의 경우 징집이 전혀 이루어지지 않았으므로 현실적인 문제는 아니었지만, 이는 소로가 도덕적 반대를 표명하는 하나의 방편으로 시민 불복종이라는 개념을 소개하는 방법이었다.

이 논설이 신문에 실리고 한 달 뒤 소로는 우연히 샘 스테이플즈를 만나서 인두세를 납부하지 않은 사실에 대해 이야기를 나눴다. 스테이플즈는 인두세를 깎아주거나 납부할 돈을 빌려주겠다고 제안했지만 소로는 이를 거절했다. 자신의 항의를 구체화하는 방법으로 이 문제를 밀어붙이기로 마음을 굳힌 듯 보였다. 어쨌든 스테이플즈는 세금을 내지 않으면 감옥에 가게 될 것이라고 말했고, 소로는 지금만큼 좋은 때도 없다고 대꾸했다. 그리하여 소로는 콩코드의 감옥에서 하룻밤을 보내게 된다. 사실 소로로서는 당혹스럽게도 그가 감옥에 들어가자마자 그의 친척이 인두세를 대신 납부했다. 그럼에도 다음 날까지 풀려나지 않은 이유는 아마도 스테이플즈가 친구의 옹고집에 짜증이 났기 때문일 것이

소로를 감옥에 가둔 콩코드의 세금징수원 스테이플즈. 소로의 친척이 세금을 대신 납부하자 사람들은 그에게 가서 소로를 풀어주라고 했다. 그러나 그의 딸이 들려준 말에 따르면, 자기는 이미 신발을 벗었고 저녁시간에 쉬고 있다고 말하면서 석방 요청을 거절했다고 한다.

다. 따라서 『시민 불복종』의 근간이 되는 이 사건은 원래 비교적 사소한 일에 지나지 않았지만, 소로는 문장의 수사적인 힘을 빌려 이 사건에 어마어마한 상징적인 힘을 불어넣을 수 있었다. "시작이 얼마나 작아보이는가는 전혀 중요하지 않다. 어떤 일이든 일단 한번 제대로 행해지면 영원히 행해지기 때문이다."

예언자의 글이 흔히 그렇듯이 소로의 에세이는 찬양자와 반대론자 모두에게 여러 방식으로 해석되어 왔다. 그 중 하나가 시민 불복종이라는 제목 자체에서 비롯된다. 사실상 '시민 불복종'이라는 표현은 소로의 글에 한 번도 나오지 않으며, 글이 출간될 당시의 제목도 "시민정부에 대한 저항"이었다. 오늘날 우리가 알고 있는 제목은 소로 사후인 1866년 그의 단편집에 수록되어 재출간되면서 붙은 것인데, 아마 이 책의 편집자들이 얼마 전에 있었던 남부연합의 반란과 남북전쟁을 상기시키는 것에 민감했기 때문일 것이다. 바뀐 제목은 글의 단호한 내용을 어느 정도 희석시킨다. '불복종'이라는 표현은 불복종의 대상이 되는 제도가 일정한 정당성을 갖고 있고 법적인 처벌도 받을 수 있음을 시사하는 데 반해, '저항'이라는 표현은 어떤 힘에 대항하는 힘으로 맞선다는 생각을 함축하고 있기 때문이다. 소로는 사실 이 글에서 항의하는 사람이 법적인 처벌을 받아들일 의무가 있음을 인정하지 않는다.

또한 소로는 일반적인 믿음과는 다르게 정의를 추구하는 과정에서

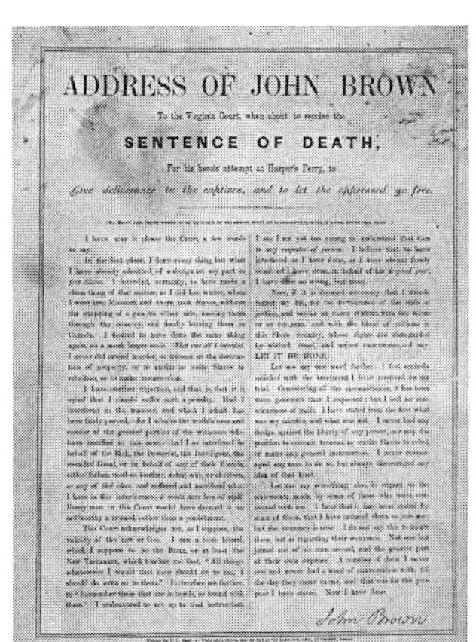

소로가 보기에 브라운은 결과에 구애받지 않고 내면의 빛에 따라 행동하는 초월주의적 영웅이었다. 소로는 브라운을 "수많은 인류의 구원자로서" 자기를 희생한 그리스도 같은 인물이라고 묘사했다.

폭력의 사용을 배제하지 않는다. "그러나 피를 흘리는 경우도 생각해보라. 양심이 상처를 입을 때에도 일종의 피가 흐른다고 할 수 있지 않은가?" 또한 소로는 노예반란을 일으키려는 의도로 버지니아 주 하퍼스페리의 연방 무기고에 대한 무장공격을 지휘하여 교수형을 당한 노예제 폐지론자 존 브라운을 옹호하는 글을 썼다. 브라운을 영웅으로 치켜세운 소로의 견해는 훗날 얻게 되는 비폭력 저항의 옹호자라는 이미지와는 상충된다. 남부의 작가인 메리 보이킨 체스넛이 북부의 노예제 폐지론자 명단에 소로를 포함시킨 것은 당대에 소로가 '선동적인' 작가로 평판이 나 있었음을 입증한다. 체스넛은 『남부일기』에서 이렇게 썼다.

(이 자들은) 깨끗하고 향긋한 냄새가 나는 멋진 뉴잉글랜드식 저택에 살면서 서재에 틀어박힌 채 우리에 대한 증오를 풀어줄 책을 써댄다.

존 브라운에게 여기로 와서 그리스도의 이름으로 같은 백인인 우리의 목을 찌르라고 말해주다니 이 얼마나 자기를 부정하는 짓인가?

이와 같이 소로와 그의 글에 관해 수많은 오해가 존재한다. 어떤 의미에서는 학문적 정확성의 문제를 제외하면 이런 오해는 중요하지 않을 수도 있다. 소로의 의도는 청중의 양심을 일깨우는 것이었고, 20세기의 역사는 그가 이 점에서 성공을 거두었음을 생생하게 보여준다.

The Document

『시민 불복종』 원문

나는 "가장 좋은 정부는 가장 적게 다스리는 정부이다"*라는 표어를 진심으로 받아들이며, 그것이 하루 빨리 조직적으로 실현되기를 바라마지 않는다. 이 말을 실천에 옮기면 결국 "가장 좋은 정부는 전혀 다스리지 않는 정부이다"라는 데까지 이르게 되는데, 사람들이 준비가 되기만 한다면 그러한 정부를 갖게 될 것이다. 정부는 기껏해야 하나의 편리한 수단에 지나지 않는다. 그런데 대부분의 경우에는 늘, 그리고 모든 경우에는 때때로 정부는 불편한 존재이다.

상비군을 두는 데 대해 비중 있고 설득력 있는 반대 의견이 많이 제기되어 왔는데, 이런 의견은 결국 상설 정부에 대해서도 제기될 수 있을 것이다. 상비군은 상설 정부의 한쪽 팔에 지나지 않는다. 정부는 국민이 자신의 뜻을 실행하기 위해 선택한 하나의 방식에 불과하지만, 국민이 그것을 통해 행동을 하기도 전에 정부 자체가 남용되거나 악용될 수 있다. 지금 벌어지고 있는 멕시코전쟁을 보라. 비교적 소수의 사람들이 상설 정부를 자신들의 도구로 이용하고 있지 않은가! 분명 국민들은 애초에 이런 처사를 동의하지 않았을 것이다.

이 미국 정부라는 것은 아무 손상 없이 후대에 물려주려 애를 쓰지만 매 순간마다 그 순수성을 잃어 가는 하나의 전통, 그것도 최근에 생겨난 전통이 아니고 무엇이겠는가? 정부에게는 살아 있는 한 사람이 갖고 있는 생명력과 힘도 없다. 단 한 사람이라도 자신의 뜻대로 정부를 움직일 수 있기 때문이다. 정부는 국민 자신에게는 나무로 만든 총과도

---

* 미국 독립 선언서의 초안을 쓴 토머스 제퍼슨이 한 말이다.

같다. 그러나 그렇다고 해서 정부의 필요성이 줄어드는 것은 아니다. 왜냐하면 국민들은 정부에 대해 갖고 있는 고정관념을 만족시키기 위해서라도 복잡한 기관을 하나쯤은 가지고 싶어하고, 또 그 기관이 내는 시끄러운 소리를 듣고 싶어하기 때문이다. 그리하여 정부는 사람들이 얼마나 쉽게 속는지를, 심지어는 자신의 이익을 위해 어떻게 스스로 속아넘어가는지를 보여준다.

여기까지는 좋다고 치자. 허나 이 정부라는 것은 스스로 어떤 사업을 진척시킨 일이 없다. 다만 사업에 방해가 되지 않도록 재빨리 비켜준 적이 있을 뿐이다. 정부는 이 나라의 자유를 수호하지 못한다. 정부는 서부를 개척하지 못한다. 정부는 사람들을 교육하지 못한다. 이 모든 일을 이룩한 것은 미국 국민이 타고난 어떤 기질이며, 만약 정부가 이따금 방해만 하지 않았더라면 더 많은 일을 이루어냈을 것이다. 왜냐하면 정부라는 것은 사람들이 서로를 간섭하지 않고 내버려두도록 기꺼이 돕는 하나의 방편이기 때문이다. 그리고 이미 말한 바와 같이 정부가 가장 소용이 있을 때는 곧 피치자들이 간섭을 가장 적게 받을 때이다. 무역과 상업이 인도산 고무처럼 탄력적이지 않았더라면, 입법자들이 끊임없이 놓아두는 장애물들을 결코 가뿐하게 뛰어넘지 못했을 것이다. 그러므로 이 입법자들의 의도를 부분적으로 참작하지 않고, 전적으로 그들의 실제 행동이 낳은 결과로만 판단한다면, 입법자들은 철로에 이상한 물건을 올려놓는 악의적인 사람들과 똑같이 처벌받아 마땅할 것이다.

그러나 시민의 한 사람으로서 실제적으로 말하자면, 무정부주의자를 자처하는 사람들과는 달리, 나는 지금 당장 정부를 폐지하라고 요구하는 게 아니다. 다만 지금 당장 더 나은 정부를 요구하는 것이다. 모든 사람은 각자 자기가 존경할 만한 정부가 어떤 것인지 밝혀야 하며, 이는 그러한 정부를 얻을 수 있는 길로 나아가는 첫 걸음이 될 것이다.

아무튼 권력이 일단 국민의 손에 들어왔을 때 다수의 지배가 허용되고 오랜 기간 계속되는 실제적인 이유는 다수가 옳을 가능성이 크거나 소수에게 가장 공정해보이기 때문이 아니라, 단지 그들이 물리적으로 힘이 세기 때문이다. 그러나 사사건건 다수가 지배하는 정부는 정의에 토대를 둘 수는 없는 바, 사람들이 이해하는 한에서일지라도 마찬가지이다. 다수가 아니라 양심이 옳고 그름을 실제로 결정하는 그런 정부는 있을 수 없는가? 다수는 단시 편의의 원칙을 적용할 수 있는 문제들만을 결정하는 그런 정부는 있을 수 없는가? 시민이 한순간만이라도, 혹은 아주 조금이라도 자신의 양심을 입법자에게 맡겨야 하는가? 그렇다면 사람에게 양심은 왜 있는 것인가?

우리는 먼저 인간이어야 하고, 그 다음에 국민이어야 한다고 나는 생각한다. 법에 대한 존경심보다는 먼저 정의에 대한 존경심을 기르는 것이 바람직하다. 내가 떠맡을 권리가 있는 유일한 의무는, 어느 때든 내가 옳다고 생각하는 바를 행하는 것이다. 단체에는 양심이 없다는 말을 우리는 충분히 들어왔다. 그러나 양심적인 사람들로 이루어진 단체는 양심을 가진 단체이다. 법이 사람을 조금이라도 정의롭게 만든 적은 한 번도 없다. 오히려 법에 대한 존경심 때문에 선량한 사람조차도 매일 불의의 하수인이 되고 있다.

법에 대한 부당한 존경심 때문에 흔히 빚어지는 일반적인 결과는 한 무리의 군인들에게서 볼 수 있다. 대령, 대위, 하사, 이등병, 탄약운반 소년병 등은 경탄할 만한 대열을 이루며 언덕과 골짜기를 넘어 전장으로 행군한다. 그러나 이것은 자기 자신의 상식과 양심에 어긋나는 것이기 때문에 행군은 무척 힘들고 또한 심장은 고동을 치는 것이다. 군인들은 자신이 하고 있는 일이 저주받을 짓임을 조금도 의심하지 않는다. 원래는 모두 평화를 사랑하는 사람들이기 때문이다. 그런데 지금은 어떤 존재인가? 도대체 사람이라고 할 수는 있는가? 아니면 권력을 가진 어떤 사악한 자가 부리는 움직이는 작은 요새나 탄약고인가?

소로는 대부분의 병사들이 '기계처럼 육신을 바쳐' 국가를 섬기며 정치인·법률가 등은 머리를 가지고 국가에 봉사하는데, 이들은 자율적인 도덕감각을 사용하지 않기 때문에 흙이나 나무와 다를 바가 없다고 말한다. 단지 소수의 참다운 영웅만이 양심을 가지고 국가에 이바지하지만, 이들은 국가로부터 적으로 규정되기 일쑤라고 하면서 부당한 정부에 대한 혁명의 정당성에 대해 언급한다.

오늘날 이 미국 정부에 대해 어떻게 처신해야 바람직한 인간이라 할 수 있을까? 나는 대답한다. 수치감 없이는 이 정부와 관계를 가질 수 없노라고 말이다. 나는 노예의 정부이기도 한 이 정치조직을 단 한순간도 나의 정부로 인정할 수 없다.

모든 사람이 혁명의 권리를 인정한다. 정부의 폭정이나 무능이 너무나 심각하고 참을 수 없을 때 정부에 대한 충성을 거부하고 저항할 수 있는 권리 말이다. 그러나 거의 모든 사람이 지금은 그런 경우가 아니라고 말한다. 반면 1775년의 혁명〔미국 독립전쟁〕은 그런 경우였다고 생각한다. 만일 누군가가 이 정부가 외국에서 들여오는 어떤 상품에 세금을 매겼으므로 나쁜 정부라고 내게 말한다 하더라도, 나는 정부의 행동에 크게 신경쓰지 않을 것이다. 나는 그런 물건 없이도 살아갈 수 있기 때문이다. 모든 기계에는 마찰이 있게 마련이며, 어쩌면 이 마찰은 자신의 악을 상쇄할 만큼 긍정적인 역할을 할지도 모른다. 어쨌든 이런 마찰 때문에 소란을 일으키는 것은 큰 잘못이다. 하지만 마찰이 기계 자체를 삼켜버리고 억압과 강탈이 조직화될 때, 나는 이런 기계를 내팽개쳐 버리자고 말하고 싶다. 다시 말해, 자유의 피난처를 자임하던 한 나라의 국민 6분의 1이 노예이고, 또 나라 전체가 외국 군대에 의해 부당하게 짓밟히고 정복되어 군법의 지배를 받을 때, 정직한 사람들이라면 어느 때든 이에 저항하여 혁명을 일으키더라도 전혀 성급한 일이 아니다. 이러한 의무가 더욱 시급한 까닭은 우리나라가 짓밟힌 나라가 아니라 침략군이기 때문이다.

당시 권위 있는 철학자였던 페일리는 저항의 정당성 여부는 그로 인한 혼란, 개혁 가능성, 지출 비용 등을 계산해본 다음에 따져봐야 한다는 원칙, 즉 '편의'라는 개념을 제시했다. 이에 대한 소로의 비판이 이어진다.

그러나 페일리는 편의의 원칙을 적용할 수 없는 경우, 즉 한 개인이든 국민이든 어떤 대가를 치르고서라도 정의를 행하지 않으면 안 되는 경우들을 생각해보지 않은 듯하다. 만약 내가 물에 빠진 사람의 널빤지를 부당하게 빼앗았다면, 나는 설령 내가 물에 빠져 죽는 한이 있어도 그것을 돌려주어야 한다. 페일리의 말대로 한다면 이것은 불편한 일일 것이다. 그러나 널빤지를 돌려주지 않을 경우 물에 빠져 자기 목숨을 구하려고 하는 사람은 죽고 말 것이다. 이 나라 국민은 노예 소유와 멕시코에 대한 전쟁을 멈추어야 한다. 설령 그렇게 하여 한 나라의 국민으로서 존재하지 못하게 되더라도 말이다.

여러 나라들이 실제로는 페일리의 말처럼 행동하고 있다. 그러나 현재의 위기에서 매사추세츠 주가 올바른 행동을 하고 있다고 생각하는 사람이 어디 있는가?

"국가라는 창녀, 은실로 짠 옷을 걸친 암캐가

치맛자락은 걷어올렸다만, 그 영혼은

진흙바닥에 질질 끌리고 있구나."

사실대로 말하자면, 매사추세츠 주의 개혁에 반대하는 사람들은 남부의 10만 정치인이 아니라 바로 이곳의 10만 상인과 농부들이다. 이들은 인간애보다는 상업과 농사에만 관심을 가질 뿐, 그 대가가 어떻든 간에 노예들과 멕시코전쟁에 대해 정의를 실천할 마음가짐이 없다. 나는 아득히 멀리 있는 적이 아니라 가까이 있으면서 먼 곳에 있는 적과 협조하고 그들의 명령을 실행에 옮기는 자들과 싸우고 있다. 이런 사람들이 없다면 멀리 있는 적은 아무런 해를 끼치지 못한다.

우리는 다수 대중이 아직 준비가 안 되어 있다고 입버릇처럼 말한다. 그러나 발전이 느린 진짜 이유는 소수가 다수보다 실제로 더 현명하거나 훌륭하지 않기 때문이다. 많은 사람이 당신처럼 선하게 되는 것보다는 몇 사람이라도 절대적으로 선한 사람이 어딘가에 있는 게 더 중요하다. 그런 사람들이 전체를 발효시킬 효모가 되기 때문이다. 허다한 사람들이 노예제와 전쟁에 반대하는 소신을 갖고 있으면서 실제로 노예제와 전쟁을 종식시키기 위해서는 아무 일도 하지 않는다. 워싱턴과 프랭클린의 자손임을 자처하면서도 두 손을 주머니에 푹 찔러 넣고 앉아서,

어떤 일을 해야 할지 모르겠다며 아무것도 하지 않는 것이다. 심지어는 자유의 문제를 자유무역의 문제 뒷전으로 밀어버린 채, 저녁을 먹고 나서 조용히 물가시세표와 최근 멕시코전쟁 소식을 나란히 읽다가는 필시 거기에 머리를 처박고 잠에 빠지는 것이다.

투표는 모두 일종의 도박이니, 장기나 주사위 놀이와 다른 점이라면 다만 거기에 약간 도덕적 색채가 있어서, 옳으냐 그르냐 하는 도덕의 문제를 갖고 노름을 한다는 것이다. 따라서 당연히 내기가 끼여든다. 그러나 투표자의 인격을 거는 것은 아니다. 아마 나는 내가 옳다고 생각하는 쪽에 표를 던지겠지만, 옳은 쪽이 반드시 이겨야 한다고 목숨을 걸거나 하지는 않는다. 나는 기꺼이 그 문제를 다수결에 맡긴다. 따라서 그 책임은 결코 편의의 책임 정도를 넘지 않는다. 옳은 쪽에 투표하는 것도 그것을 위해 어떤 행동을 하는 것은 아니다. 다만 정의가 승리하기를 바란다는 소망을 사람들에게 희미하게 표명하는 것일 뿐이다. 현명한 사람이라면 정의를 운수에 내맡기려 하지 않을 것이며, 또한 다수의 힘을 통해 승리하기를 바라지도 않을 것이다.

대중의 행동에는 덕이란 게 거의 없다. 마침내 다수가 노예제의 폐지에 표를 던지게 될 때는 노예제에 대한 관심이 시들었기 때문이거나 투표를 통해 폐지할 만한 노예제가 거의 남아 있지 않기 때문일 것이다. 그때에는 대중이 남아 있는 유일한 노예일 것이다. 자신의 표를 가지고 자신의 자유를 주장하는 사람만이 그 표를 통해 노예제의 폐지를 앞당길 수 있다.

소로는 여기서 독립심과 도덕적 결단력을 지닌 참된 '사람들'이 없음을 한탄한다.

어떤 악, 심지어 가장 극심한 악일지라도 악을 뿌리뽑는 데 자신을 바치는 것이 한 사람의 당연한 의무는 아니다. 사람은 그밖에도 다른 문제에 관심을 갖고 그것을 추구할 수 있다. 그러나 적어도 악에서 손을 떼고, 설령 악에 대해 조금도 관심을 두지 않는다 하더라도, 실제로 악을 뒷받침하는 일은 하지 않는 것이 사람의 의무이다.

내가 다른 일이나 계획에 전념하고 있더라도, 적어도 내가 다른 사람의 어깨 위에 올라앉아 있는 것은 아닌지 먼저 살펴야 한다. 만약 그렇다면 그 사람 역시 자신의 계획을 추구할 수 있도록 그의 어깨 위에서 내려와야 할 것이다.

그러나 실제로는 얼마나 커다란 모순이 용납되고 있는지 보자. 나는 우리 마을 사람들이 이런 이야기를 하는 것을 들은 적이 있다. "정부가 나보고 노예반란을 진압하라거나 군인이 되어 멕시코로 가라고 명령하는 걸 들었으면 좋겠어. 내가 갈지 안 갈지 두고 보자고." 그런데 바로 이 사람들이 직접적으로는 충성심으로, 간접적으로는 최소한 자신들이 내는 돈으로 대리병을 내세우고 있는 것이다. 정의롭지 못한 전쟁에 나가기를 거부하는 군인이, 바로 그 전쟁을 벌이는 정의롭지 못한 정부를 계속해서 지지하는 사람들로부터 칭송을 받고 있다. 이 군인은 전쟁을 거부함으로써 이 사람들의 행동과 권위를 무시하고 경멸했는데도 바로 그 사람들의 칭송을 받는 것이다. 마치 국가가 잠시라도 죄짓는 행위를 그만두는 것이 아니라, 계속 죄를 지으면서 사람 하나를 사서 채찍질을 하는 정도로 회개하는 셈이다. 그리하여 질서와 시민정부라는 이름 아래 마침내 우리 모두는 우리 자신의 비열함에 경의를 표하고 그것을 지지하게 된다. 처음에는 죄가 부끄러워 얼굴을 한번 붉히지만 이내 무관심해진다. 그리고 부도덕은 곧 무도덕이 되는데, 그것도 우리 삶에 썩 불필요한 것은 아니다.

소로는 필요하다면 국가에 대한 불찬성을 행동으로 옮겨야 한다고 단호히 말한다.

원칙에 따른 행동, 즉 정의를 알고 실천하는 것은 사물과 관계를 변화시킨다. 이런 행동은 본질적으로 혁명적이며 과거에 있던 것들과는 완전히 다르다. 이러한 행동은 국가와 교회를 갈라놓을 뿐만 아니라 가족까지도 갈라놓는다. 아니, 개인까지도 그 안에 있는 신성(神性)으로부터 악마를 갈라놓는다.

정의롭지 못한 법이 존재한다고 하자. 그 법을 준수하는 데 만족할 것인가, 아니면 법을 개정하려고 노력하면서 개정에 성공할 때까지는 준수할 것인가, 아니면 당장에라도 그 법을 위반할 것인가? 사람들은 보통, 지금과 같은 정부 아래서는 법률을 바꾸도록 다수를 설득할 때까지 기다려야 한다고 생각한다. 만약 저항한다면 치료약이 병보다 더 나쁠 것이라고 생각하는 것이다. 그러나 치료약이 병보다 더 나쁜 것은 정부의 잘못이다. 정부가 치료약을 더 나쁘게 만드는 것이다. 왜 정부는 좀 더 앞을 내다보고 개혁을 준비하지 않는가? 왜 정부는 현명한 소수를 소중히 여기지 않는가? 왜 정부는 상처도 입기 전에 고래고래 소리를 지르면서 뿌리치는가? 왜 정부는 항상 눈을 크게 뜨고 정부의 잘못을 지적해 달라고 시민들을 독려하여 잘못을 교정하려 하지 않는가? 왜 정부는 항상 예수를 십자가에 매달고, 코페르니쿠스와 루터를 파문하고, 워싱턴과 프랭클린을 반역자로 단정하는가?

소로는 몇 가지 불의는 '정부라는 기계'의 일부로 그냥 내버려두되, 만약 이 기계가 "불의를 행하는 하수인이 되라고 요구한다면 법을 어기라"고 단언한다.

악을 치료하기 위해 주 정부가 마련한 방법을 받아들이자고 이야기하는 사람들이 있는데, 나는 그런 방법을 알지 못한다. 그런 방법은 시간이 너무 오래 걸리며 그 사이에 한 사람의 일생이 다할 것이다. 내게는 다른 할 일들이 있다. 나는 오로지 이 세상을 살기 좋은 곳으로 만들기 위해 여기 온 것이 아니라 좋건 나쁘건 여기서 살려고 온 것이다. 한 사람이 모든 일을 다 할 수는 없으며 그 중 어떤 일만 하면 된다. 그리고 모든 일을 할 수 없다고 해서 어떤 나쁜 일을 할 필요는 없다.

주지사나 주 의회에 탄원하는 것이 내가 할 일이 아님은 내게 탄원하는 것이 그들의 일이 아닌 것과 마찬가지이다. 그리고 설령 내가 탄원을 하더라도 주지사나 주 의회가 들어주지 않는다면, 그 다음에는 어떻게 해야 하는가? 그러나 이러한 경우에 대비하여 주 정부가 마련해 놓은 방법은 아무것도 없다. 주의 헌법 자체가 악인 것이다. 이런 내 말이 가혹하고 고집스럽고 비타협적으로 들릴지도 모르겠다. 그렇지만 이런 태도야말로 헌법을 올바르게 인식하고 또한 누릴 자격이 있는 최고의 정신을 지극한 호의와 존경심으로 대접하는 것이다. 무릇 육신을 격동시키는 탄생과 죽음처럼 더 나은 것을 위한 변화는 으레 이러한 것이다.

나는 서슴없이 말하나니, 노예제 폐지론자를 자처하는 사람들은 몸으로나 재산으로나 매사추세츠 주 정부를 지지하는 일을 지금 당장 그만두어야 하며, 한 표 앞선 다수가 될 때까지 기다리는 대신 자신들을 통해 정의가 승리하도록 해야 한다. 하느님이 이 사람들의 편이라면 그

것으로 충분하며, 다른 사람을 기다릴 필요는 없다. 아울러, 어떤 사람이든지 자기 이웃보다 더 정의로운 사람이라면 그는 이미 하나로서 다수(majority of one)를 이루고 있는 것이다.

나는 이것만은 알고 있다. 이곳 매사추세츠 주에서 천 명, 아니 백 명, 아니 내가 이름을 댈 수 있는 열 명(열 명만 정직하다면)이, 아니 단 한 명의 정직한 사람이라도 노예 소유를 그만두고 실제로 공범자의 입장에서 물러나 그 때문에 군(郡) 감옥에 갇힌다면, 그것이야말로 미국에서 노예제가 폐지되는 것이다. 시작이 얼마나 작아 보이는가는 전혀 중요하지 않다. 어떤 일이든 일단 한번 제대로 행해지면 영원히 행해지기 때문이다.

단 한 명이라도 부당하게 감옥에 가두는 정부 밑에서, 정의로운 사람이 있을 곳은 역시 감옥뿐이다. 의기소침하지 않고 자유로운 영혼을 가진 사람들을 위해 매사추세츠 주가 마련해놓은 유일한 자리, 오늘날 가장 떳떳한 자리는 감옥이다. 비록 주 정부가 법령에 의거하여 이들을 가두었다 하더라도 이 사람들은 이미 자신의 원칙에 의거하여 스스로를 감옥에 몰아넣은 것이다. 도망노예나 가석방된 멕시코인 죄수, 자기 종족이 당하는 부당한 대우를 호소하러 온 인디언이 이 사람들을 만날 수 있는 곳 역시 감옥이다. 격리되어 있으나 더욱 자유롭고 명예로운 곳, 매사추세츠 주가 자기에 동조하지 않고 반대하는 사람들을 가두는 곳, 노예의 나라에서 자유로운 인간이 명예롭게 거주할 수 있는 유일한 집 역시 감옥이다. 감옥에 갇히면 영향력을 잃게 되고, 힘찬 목소리로 주 정부의 귀를 괴롭히지 못하며, 감옥의 담장 안에서는 정부의 적이 되지 못할 것이라고 생각하는 사람이 있다면, 이런 사람들은 진리가 오류보다 얼마나 더 강한지를 모르는 것이다. 게다가 조금이라도 불의를 직접 겪어본 사람이 불의에 맞설 때 얼마나 설득력 있게 효과적으로 싸울 수 있는가를 모르는 것이다.

당신의 표를 모조리 던져라. 종이쪽지 한 장이 아니라 당신의 영향력 전부를 던져라. 다수의 뜻에 고분고분 따르는 한 소수는 무력하다. 아니 소수라는 이름조차 과분하다. 그러나 소수가 온 힘을 다해 가로막으면 그 힘은 불가항력이 된다. 정의로운 사람을 모두 감옥에 가두든지, 아니면 전쟁과 노예제를 포기하든지 양자택일을 해야 한다면, 정부는 한치의 주저함도 없이 후자를 택할 것이다. 만약 올해 천 명이 세금을 내지 않는다 하더라도, 그것은 그들이 세금을 내서 정부가 폭력을 휘두르고 무고한 피를 흘리게 만드는 것만큼 폭력적이고 유혈적인 짓은 아닐 것이다. 평화적인 혁명이라는 것이 있을 수 있다면, 실로 이것이야말로 평화적인 혁명의 뜻이다.

어떤 이가 실제로 그런 것처럼, 세금징수원이나 다른 공무원이 내게 "그럼 어떻게 하란 말이오?"라고 묻는다면, 나는 이렇게 대답할 것이다. "당신이 정말로 뭔가를 하고 싶다면, 우선 직책부터 내놓으시오"라고. 국민이 충성을 거부하고 관리가 자기 자리를 포기할 때, 혁명은 완

수되는 것이다. 그러나 피를 흘리는 경우도 생각해보라. 양심이 상처를 입을 때에도 일종의 피가 흐른다고 할 수 있지 않은가? 이 상처를 통해 한 사람의 참된 인간다움과 불멸성이 흘러나가, 결국은 영원한 죽음을 맞이할 때까지 피를 흘린다. 나는 지금 이런 피가 흐르는 것을 본다.

세금을 안 내면 구금을 당하거나 재산을 압류당하는데, 순수한 권리를 주장하는 사람은 대개 압류당할 재산마저 없다고 소로는 말한다. 부자는 그를 부자로 만들어준 조직에 영합할 가능성이 크다는 말과 함께 논의는 정의와 부(富)의 충돌에 관한 쪽으로 옮겨간다.

단언하건대, 돈이 많을수록 덕은 줄어든다. 돈이란 것이 사람과 그가 바라는 대상 사이에 끼여들어 그를 위해 그것을 손에 넣기 때문이다. 그리고 돈을 가지게 된 것도 분명 무슨 큰 덕이 있어서가 아니기 때문이다. 돈이 없다면 대답해야 할 많은 문제들이 단지 돈이 있다는 이유로 유보된다. 한편 돈이 있기 때문에 생기는 유일한 문제는 그 돈을 어떻게 쓸 것인가 하는 어려우면서도 부질없는 것뿐이다. 그리하여 돈을 가진 사람의 도덕적 기반은 발밑부터 송두리째 허물어진다. 이른바 '수단'이 늘어날수록 삶의 여러 가지 기회는 줄어든다. 부자가 자신의 교양을 위해 할 수 있는 최선의 일은, 가난했던 시절에 품었던 계획을 실천에 옮기기 위해 노력하는 것이다.

"카이사르의 것은 카이사르에게, 하느님의 것은 하느님께 바치라"*는 그리스도의 말을 인용하면서 소로는 어떤 기관에 세금을 낸다는 것의 의미가 무엇인지 상기시킨다.

내 이웃 가운데 가장 자유로운 사람들과 이야기를 해보면, 그들이 이 문제의 중요성과 심각성에 대해 무슨 말을 하든, 그리고 사회안정에 대해 어떻게 생각하든 간에, 결국 요점은 이 사람들은 현존하는 정부의 보호 없이는 살 수 없으며 정부에 불복종할 경우 자신들의 재산과 가족에 미칠 결과를 두려워하고 있음을 알 수 있다.

나로 말할 것 같으면, 나는 내가 한순간이라도 정부의 보호에 의존하고 있다고 생각하고 싶지 않다. 그러나 정부가 세금고지서를 내밀 때 내가 그 권위를 부정한다면, 정부는 순식간에 나의 모든 재산을 빼앗아 써버리고 나와 내 자식들을 끊임없이 괴롭힐 것이다. 이는 참기 힘든 일이다. 이렇게 되면 한 사람이 정직하게 살면서 동시에 외적인 면에서 편안하게 살기란 불가능하다. 재산을 모으는 것은 부질없는 짓이 될 것이다. 또다시 빼앗길 게 분명하기 때문이다. 남의 땅을 빌리거나 무단으로 점유해야 할 것이며 농사도 조금만 지어 바로 먹어치워야 할 것이다. 별 여유 없이 근근이 살아야 할 뿐만 아니라 언제든지 짐을 꾸려 떠날 채비를 한 채로 자신만을 의지해야 하며 많은 일을 벌여놓아서도 안 된다. 설령 터키에 가서 산다 하더라도, 어느 모로 보나 터키 정부의 충실한 국민 노릇만 하면 부자가 될 수 있다. 공자는 말하기를, "나라에 도가 행해지고 있는데도 가난하고 천하게 산다면 수치스런 일이며, 나라에 도가 행해지지 않고 있는데도 부귀를 누린다면 이 또한 수치스런 일이다"라고 했다.

---

* 이스라엘이 로마의 지배 아래 있을 때, 로마의 헤롯 일당이 그리스도를 찾아가 물었다. "카이사르에게 세금을 바치는 것이 옳습니까, 옳지 않습니까?" 세금을 바쳐야 한다고 대답하면 로마의 지배를 인정하는 것이요, 바치지 않아야 한다고 하면 로마군대에 의해 처형될 것이 뻔한 상황에서 그리스도는 위와 같이 대답하여 위기를 모면한다(마태복음 22장 17~21절).

그렇다. 남부의 어느 먼 항구에서 나의 자유가 위협받는 일이 생겨 매사추세츠 주가 보내주는 보호의 손길을 원하게 되거나, 내가 고향에서 평화적인 사업을 하며 오로지 재산 모으기에만 전념하게 되기 전에는, 나는 매사추세츠 주에 대한 충성을 거부하고 나의 재산과 생명에 대한 주 정부의 권리를 거부할 수 있다. 나로서는 이 정부에 순종하는 것보다 불복종하여 처벌받는 쪽이 어느 모로 보나 잃는 것이 적다. 정부에 복종하는 경우 나는 내 가치가 떨어진다는 느낌을 받을 것이다.

소로는 교회에 세금을 내지 않았던 일과 이에 대해 정부와 의견일치를 보았던 일, 즉 교회의 신도가 아니기 때문에 교회에 세금을 내지 않아도 되었던 일에 관해 자세히 설명하고 있다. 그리고는 감옥에서 하룻밤을 보낸 경험에 관해, 비록 육신은 벌을 받았지만 정신은 자유로웠기 때문에 단 한순간도 갇혀 있다는 느낌이 들지 않았다고 이야기한다.

이처럼 정부는 한 인간의 지성이나 도덕이 아니라 오로지 그의 육체, 그의 감각만을 상대하려고 한다. 정부는 우월한 지능이나 정직이 아니라 우월한 물리적 힘으로 무장하고 있다. 나는 누군가에게 강요받으려고 태어난 게 아니다. 나는 내 방식대로 숨쉴 것이다. 누가 강한지는 두고 보도록 하자. 다수가 가진 힘이란 게 도대체 무엇인가? 나보다 더 지고한 도덕률을 따르는 사람들만이 내게 무언가를 강요할 수 있다. 이 사람들은 나보고 자기들과 같은 사람이 되라고 강요한다. 나는 다수 대중의 강요에 따라 이러저러한 식으로 사는 사람들이 있다는 말을 들어본 적이 없다. 그렇게 사는 것이 도대체 어떤 삶이겠는가? 정부가 내게 "돈을 내놓던지 목숨을 내놓아라"라고 말할 때, 왜 내가 황급히 정부에 돈을 내야 하는가? 정부로서는 큰 곤경에 빠져 어쩔 줄 몰라하고 있을 수도 있다. 그렇다고 내가 도와줄 수는 없는 노릇이다. 정부 스스로 도와야 한다. 내가 나 스스로 돕듯이 말이다. 짐짓 우는 소리를 해봐야 아무 소용없다. 사회라는 기계가 잘 돌아가도록 하는 것은 내 책임이 아니다. 나는 기술자의 아들이 아니다. 도토리 한 알과 밤 한 알이 동시에 떨어졌을 때 하나가 잘 자라도록 다른 하나가 죽은 듯이 가만히 있는 법은 어디에도 없다. 서로 각자의 법칙에 따라 능력껏 싹을 틔우고 자라서 무성해지다가 결국 하나가 다른 하나를 가려서 말라죽게 만드는 것이다. 어떤 나무가 자신의 천성에 따라 살지 못하면 결국엔 죽는다. 사람도 마찬가지이다.

소로는 다시 감옥에서의 하룻밤에 대한 이야기로 돌아가 흥미롭고 신기한 시선으로 감방의 모습, 동료 죄수와 나눴던 대화 등을 이야기한다. 그리고 오히려 감옥에서의 하룻밤이 그에게 가져다준 평화로운 심경에 대해 말하기 시작한다.

그곳에 누워 하룻밤을 보내노라니, 내 눈으로 직접 보게 되리라고 꿈도 꾸지 못했던 어느 머나먼 나라를 여행하는 기분이었다. 전에는 광장의 시계 종소리와 저녁 무렵 마을에서 나는 온갖 소리를 한번도 들어본 적이 없는 것 같았다. 창살 안에 있는 창문을 열어 놓고 잤기 때문에 이 모든 소리가 들렸던 것이다. 마치 내 고향 마을을 중세의 시점에서 보는 것 같았으니, 우리의 콩코드 강은 어느새 라인 강으로 바뀌어 있었고 눈앞에는 성과 기사들이 어른거렸다. 거리에서 들리는 소리의 주인공 역시 옛적 중세의 시민들이었다. 나는 본의 아니게 감옥 바로 옆에 있는 마을 여관의 부엌에서 벌어지는 일을 보고 듣게 되었다. 나로서는 정말 새롭고 진기한 경험이었다. 고향 마을을 가까이에서 들여다보는 듯했다. 비로소 나는 고향 마을 안으로 깊숙이 들어가게 되었다. 전에는 마을의 공공시설을 제대로 본 적이 없었다. 감옥은 이 마을의 독특한 시설 가운데 하나이다. 마을은 군청 소재지인 것이다. 비로소 나는 이곳 주민들의 본래 모습을 이해하게 되었다.

다음 날 아침 동료 죄수는 들판으로 일을 하러 가고 소로는 석방된다.

감옥에서 나와(누군가 내 대신 세금을 냈다) 광장을 둘러보니 어떤 큰 변화, 다시 말해 젊어서 감옥에 들어갔다가 백발이 성성해서 비틀거리며 출옥하는 사람이 봄직한 그런 변화는 전혀 일어나지 않았음을 알 수 있었다. 그렇지만 마을과 주와 나라의 모습 위로 어떤 변화가 겹쳐져 보였다. 그것은 단순한 시간의 경과라고 하기에는 큰 변화였다.

나는 내가 사는 이 주를 한결 뚜렷하게 보았다. 나는 나와 더불어 사는 사람들을 선한 이웃이나 친구로 얼마만큼 믿을 수 있는지를 보았다. 이 사람들의 우정이란 좋은 한철에나 누릴 수 있는 것이고, 이들은 올바른 일을 하려고 크게 애쓰지도 않으며, 이들이 가진 편견과 미신으로 인해 내게는 이 사람들이 중국 사람이나 말레이시아 사람만큼이나 먼 인종이라는 것을 알았다. 이들은 인류를 위해, 아니 자기 재산을 위해서도 위험을 무릅쓰고 희생할 생각은 조금도 없으며, 결국 이들은 도둑이 자기들을 대하듯이 도둑을 대하는 정도의 고결함만을 지닌 채 어느 정도 겉으로만 계율을 준수하고 가끔 기도를 함으로써, 그리고 이따금 별 소용도 없는 곧은 길을 걸음으로써 자신의 영혼을 구원하려고 하는 사람들이라는 것을 나는 알게 되었다. 어쩌면 내 이웃들을 너무 가혹하게 심판하는 것일지도 모르겠다. 아마 많은 이웃들이 우리 마을에 감옥 같은 시설이 있는 줄도 모르고 있을 것이기 때문이다.

예전에 우리 마을에서는 가난한 채무자가 감옥에서 나오면 그를 아는 사람들은 감옥의 창살 모양으로 손가락을 엇갈리게 해서 눈에 대고 그 사이로 쳐다보면서 "안녕하시오"라고 인사하는 관습이 있었다. 그러나 이웃 사람들은 이런 식으로 내게 인사하는 대신, 나를 한번 쳐다보더니 자기들끼리 돌아보았다. 마치 내가 오랜 여행에서 돌아오기라도 한 듯이 말이다.

나는 수선을 맡긴 구두를 찾으려고 구둣방에 가던 길에 감옥에 잡혀갔었다. 다음 날 감옥에서 나온 나는 전날의 용건을 마무리하려고 구둣방으로 달려가서 수선한 구두를 신었다. 그리고는 허클베리를 따러 가는 무리에 합류했는데, 이 사람들은 나한테 길잡이를 맡아 달라고 보챘다. 말이 곧 준비되고, 반시간쯤 뒤 3킬로미터쯤 떨어진 제일 높은 언덕 위에 있는 허클베리 밭 한가운데 도착해보니, 주 정부는 어디에도 보이지 않았다.

이것이 "나의 감방생활"*의 전부이다.

나는 도로세를 내지 않으려고 한 적이 한 번도 없다. 나는 나쁜 국민인 것 못지 않게 선한 이웃이 되고 싶기 때문이다. 또한 학교를 후원하는 문제에 관해서도 동포들을 교육시키는 데 나름대로 내 몫을 하고 있다. 나는 세금고지서의 어떤 특정한 항목에 대해 납부를 거부하는 게

---

* 정치범으로 8년간 옥중생활을 한 이탈리아의 시인 실비오 펠리코(Silvio Pellico, 1789~1854)가 쓴 동명의 회상록을 가리키는 표현이다.

아니다. 나는 다만 정부에 충성하기를 거부하고, 실제로 정부로부터 물러나 떨어져 있고 싶을 따름이다. 나는 내가 낸 돈이 총이나 그 총을 쏠 사람을 사는 데 쓰이지 않는 한 그 돈의 행방을 구태여 추적하고 싶지는 않다. 돈이 무슨 죄가 있겠는가. 다만 나의 충성심이 어떤 효과를 낳을지 추적하는 데 관심이 있다. 실로 나는 조용히, 내 나름의 방식으로 정부에 전쟁을 선포하는 바이다. 비록 이런 경우에 흔히 그러하듯 계속 정부를 이용하고 그 혜택을 누리기는 하겠지만 말이다.

만일 다른 사람이 주 정부에 동조하는 뜻에서 나에게 부과된 세금을 대신 낸다면, 그 사람은 자신의 세금을 내면서 했던 일을 되풀이할 뿐만 아니라 주 정부가 요구하는 것보다 더 큰 불의를 행하라고 부추기는 셈이 된다. 세금을 체납한 개인에 대한 잘못된 관심으로, 그 사람의 재산을 보호하거나 감옥에 가는 것을 막기 위해 세금을 대신 내는 사람이 있다면, 이런 이는 자기의 사적인 감정으로 공적인 선(善)을 얼마나 방해하고 있는지 현명하게 생각해보아야 할 것이다.

자, 이것이 지금 나의 입장이다. 그렇지만 이런 경우에 자신의 완고함 때문에, 혹은 다른 사람의 견해에 지나치게 신경을 쓴 탓에 잘못된 행동을 하지 않도록 늘 조심할 수 있는 사람은 없다. 그러니 그 사람이 자기 자신에 충실한, 그리고 해당 시점에 충실한 행동을 하고 있는지 직접 볼 수 있도록 해주자.

이어서 소로는 인간이 저항해봤자 소용없는 자연현상과, 이와 비슷한 맹목적인 힘이긴 하지만 인간이 만든 것이기에 때로는 저항할 필요가 있는 국가를 구별한다. 그러나 자신은 필요 이상으로 정부를 방해할 생각은 조금도 없다고 밝힌다.

낮은 관점에서 볼 때, 헌법은 비록 많은 결함이 있기는 하지만 매우 훌륭하다. 법률과 법정 역시 존경할 만하다. 심지어 주 정부나 미국 정부조차도 여러 면에서 매우 칭찬할 만하고 유례가 없는 존재이며, 많은 사람들이 말한 것처럼 존재 그 자체에 감사를 표할 만하다. 그러나 조금만 높은 관점에서 보면 이 정부들은 내가 지금껏 지적한 그대로이다. 조금 더 높은 관점에서, 아니 가장 높은 관점에서 보면, 이 정부들이 어떠어떠한 것이라고 말하거나 자세히 살펴보고 생각해볼 만한 가치가 있는 것이라고 누가 말할 수 있겠는가?

그러나 나는 정부에 그다지 큰 관심이 없으며, 가급적 정부에 관해 생각하지 않으려고 한다. 이 세상에서조차 내가 정부 밑에서 사는 시간은 그리 많지 않다. 만일 어떤 사람이 자유롭게 사색하고, 자유롭게 공상하고, 자유롭게 상상한다면, 그리하여 존재하지 않는 것이 존재하는 것처럼 보이는 일이 결코 오래 지속되지 않는다면, 현명하지 못한 지배자나 개혁자가 그를 치명적으로 괴롭힐 수는 없을 것이다.

대다수 사람들이 나와 생각이 다르다는 것을 알고 있다. 그러나 이런 문제나 이와 비슷한 문제들을 연구하는 사람들에게 나는 조금도 만족하지 못한다. 정치가와 입법가들은 너무나 철저하게 제도 안에 자리 잡고 있기 때문에 이러한 문제를 또렷하고 적나라하게 보지 못한다. 이 사람들은 사회를 움직여야 한다고 말하지만 막상 사회가 없으면 쉴 곳이 없다. 이들이 어느 정도 경험과 분별력을 갖춘 사람들이고, 또 정교하고 유용하기까지 한 제도들을 만들어낸 것은 의심의 여지가 없다. 따라서 우리는 이 점에 대해서는 진심으로 감사를 표한다. 그러나 이들의 모든 지혜와 유용성은 결코 넓다고 할 수 없는 한계 안에 있다. 이 사람

들은 세상이 정책이나 편법으로 다스려지지 않는다는 사실을 곧잘 잊어
버린다.

이에 대해 소로는 매사추세츠 주 출신 상원의원인 다니엘 웹스터를 예로 들면서 그를 지
각 있고 실천적인 정치가라고 소개하면서도 정치 영역을 뛰어넘어 진실의 관점에서 문
제를 숙고할 능력이나 의지가 없는 사람이라고 말한다.

훨씬 순수한 진리의 원천을 알지 못하는 사람들, 진리라는 개울의
발원지를 찾아 상류로 더 높이 거슬러 올라간 적이 없는 사람들은 현명
하게도 성서와 헌법의 옆에 서서 경외와 겸손을 보이며 그 물을 마신다.
그러나 이 호수나 저 연못으로 졸졸 흘러드는 물이 어디에서 온 것인지
를 본 사람들은 다시 한번 허리띠를 졸라매고 수원(水源)을 향한 순례를
계속한다.

미국에는 아직 입법에 대해 천재적 자질을 가진 사람이 나타나지
않았다. 세계 역사에서도 이런 사람은 보기 드물다. 연설가, 정치인, 달
변가인 사람은 허다하게 많다. 그러나 오늘날의 곤란하기 그지없는 문
제를 해결할 수 있는 연설가는 아직 입을 열지 않았다. 우리는 유창한
언변을 그 자체로 좋아할 뿐, 그 입에서 흘러나오는 진실을 좋아하거나
그것이 불러일으키는 영웅적 행위를 좋아하는 것은 아니다. 우리의 입
법가들은 자유무역과 자유, 화합과 청렴이 한 나라에서 차지하는 비교
가치를 아직도 알지 못한다. 입법가들은 과세와 재정, 상업과 제조업과
농업이라는 비교적 손쉬운 문제들에 대해서도 천재성이나 재능을 보여
주지 못한다. 만약 의회에 있는 입법가들의 입바른 말에만 우리의 진로
를 내맡긴 채 국민의 풍부한 경륜과 효과적인 항의로 이를 바로잡지 않

는다면, 미국은 얼마 안 있어 여러 나라들 사이에서 그 지위를 잃어버리고 말 것이다. 내가 이런 말을 할 자격이 있는지는 모르겠지만, 신약성서가 쓰여진 지 어언 1800년이 지난 오늘날, 입법이라는 학문에 대해 이 책이 던져주는 빛을 활용할 만한 지혜와 실제적인 재능을 갖춘 입법가는 도대체 어디에 있는가?

정부의 권위는, 비록 내가 기꺼이 순종하려는 정부의 권위일지라도 아직 순수하지 못하다(나는 나보다 더 많이 알고 더 잘할 수 있는 사람에게는 기쁜 마음으로 순종할 것이며, 심지어 많은 경우에 나보다 잘 알지도 잘하지도 못하는 사람에게도 순종할 것이다). 엄밀하게 말하면 정부는 피치자의 허락과 동의를 얻어야만 한다. 정부는 내가 양도한 것말고는 나의 신체나 재산에 대해 어떤 순수한 권리도 가질 수 없다. 절대군주제에서 제한군주제로, 제한군주제에서 민주주의로의 진보는 개인에 대한 진정한 존중을 향한 진보이다. 중국의 현인도 개인을 제국의 근간으로 볼 만큼 현명했다.

우리가 알고 있는 민주주의가 과연 정부가 도달할 수 있는 마지막 단계의 진보인가? 정녕 인간의 권리를 인정하고 조직화하는 방향으로 한 걸음 더 나아갈 수는 없는가? 국가가 자신의 권력과 권위의 원천으로서 개인을 더욱 고귀하고 독립된 힘으로 인정하고 그에 걸맞게 대접하지 않는 한, 진정으로 자유롭고 계몽된 국가는 없을 것이다. 나는 마침내 모든 사람을 공정하게 대하고 개인을 한 이웃으로 존중할 수 있는 국가를 기쁜 마음으로 상상한다. 몇몇 소수의 사람들이 국가로부터 초연하고 국가 일에 간섭하지 않으며 국가의 품을 뿌리치더라도 이웃과 동포에 대한 의무를 다하는 한, 국가의 평온을 해치지 않는다고 생각하는 그런 국가 말이다. 이러한 열매를 맺고 또 이 열매가 저절로 익어서 떨어지게 내버려두는 국가는 더욱더 완전하고 영광스러운 국가, 이제껏 내가 상상만 했지 어디에서도 보지 못한 그런 국가가 탄생하도록 길을 열어 줄 것이다.

The Immediate Impact

당대에 미친 영향

소로의 글이 당대에 어떤 영향을 끼쳤는지는 아주 간단하게 요약할 수 있다──아무 영향도 미치지 못했다. 예언자는 자기 나라에서는 영광을 누리지 못한다는 격언의 본보기를 찾는다면 소로만큼 딱 들어맞는 경우도 없으리라. 19세기 내내 그리고 20세기에 접어들어서까지 철저히 무시되었던 소로의 작품이 미국에서 폭넓은 대중의 관심을 끌게 된 것은 1920년대 무렵의 일이었다. 그때에도 소로는 주로 야생 자연의 찬양자이자 자립적인 삶과 '자연으로의 회귀'를 옹호하는 낭만주의자로 알려졌다. 다음 장에서 살펴보겠지만, 소로가 정치사상가로서 미친 파급력은 유럽과 인도에서는 지대했으나 미국에서는 1960년대의 급진운동을 통해 그의 글이 널리 알려지기 전까지는 미미한 정도에 머물렀다.

소로의 글이 당대에 영향을 미치지 못한 데는 크게 세 가지 이유가 있는데 작품에 담긴 메시지의 성격, 소로에 대한 당대의 평가, 저작 출간 과정이 그것이다.

『시민 불복종』의 메시지

소로의 강연이 가시적인 반응을 불러일으키지 못한 가장 뚜렷한 이유는 강연에서 구체적인 종류의 행동을 제안하지 않았기 때문이다. 소로의 강연에는 개괄적인 개혁 프로그램이 없었으며, 한 가지 쟁점을 중심으로 어느 한 집단이나 당파를 결집시킬 수 있는 호소도 담겨 있지 않았다. 도망노예를 남부로 돌려보내는 행위와 멕시코전쟁에 대한 소로의 반대는 적어도 콩코드에서 강연을 듣는 청중들에게는 전혀 논쟁거리가 되지 못했다. 법률에 반대하는 소로의 주장이 아니더라도 그곳 청중들

소로가 미국에서 처음 이름을 떨친 것은 자연주의자로서였고, 그의 책은 실제로 읽기보다는 그윽하게 바라보는 게 더 어울리는 커피테이블 비치용 호화판으로 출간되었다. 이 당시에는 개혁자로서 소로의 모습을 전혀 찾아볼 수 없었다.

은 이미 소로와 비슷한 생각을 가지고 있었기 때문에 특별한 논쟁을 불러일으키지 못한 것이다.

어쨌든 1848년 1월은 멕시코전쟁이 끝나가는 시점이었고, 따라서 소로가 내세운 목표는 시급한 행동과는 거리가 먼 것이었다. 소로가 세금 납부를 즉시 중단해야 한다고 매사추세츠 주 시민들에게 제안한 것은 사실이지만, 이러한 제안은 개혁을 위한 처방이라기보다는 자기만족을 위한 자극에 가까웠다.

이 강연은 소로의 저작 대부분이 그렇듯이 하나의 강령이라기보다는 이의제기 성격이 강했다. 자기가 보기에 대다수 사람들이 소홀히 하고 있다고 믿은 근본적인 진실이나 원칙을 강조했다는 점에서, 소로는 예언자였다. 그리고 이에 대해 무엇을 해야 하는지에 관한 명확한 정책이 없었다는 점에서, 소로는 정치인이 아니었다.

소로가 강연하기 20여 년 전에 노예제 문제는 이미 존폐의 위기에 처해 있었고, 1850년의 타협은 영구적인 해결책을 낙관하기 어렵게 만들었다.

『시민 불복종』은 사람들에게 자기 스스로 생각하고, 자기 양심이 요구하는 바에 따라 행동하며, 초월주의의 세계관에서 표명된 것과 같은 '지고의 법칙'과 '더 높은 진리'를 항상 염두에 두라는 일종의 권유였다. 이런 권유는 하나의 정책 문서나 무슨무슨 10대 계획 같은 것으로 쉽게 전환될 수 있는 게 아니다.

『월든』 초반부에서 소로는 자기의 목표를 "설령 이웃 사람들의 잠을 깨우는 결과밖에 얻지 못할지언정, 횃대 위에 올라앉은 아침의 수탉처럼 한번 호기 있게 울어보는 것"이라고 밝혔다. 소로는 씨앗을 심고 있었다. 그 씨앗이 싹트는 데 그토록 오랜 시간이 걸린 이유를 이제부터 살펴보도록 하자.

소로에 대한 당대의 평가

소로가 주목받지 못한 두번째 이유는 당대의 평론과 언론이 소로의 성품과 작품을 평가한 관점 때문이다. 『월든』에 대한 평가는 대체로 긍정적이었다. 어느 평론가는 이 책을 "동양적인 격조를 살짝 곁들인, 고전적인 우아미와 뉴잉글랜드의 소박한 삶의 태도를 담은 산문시"라고 평했고, 다른 평론가는 "이런 책은 백 년에 한번 나오기도 힘들다"고 말했다. 그렇지만 대부분의 평론에는 소로에 대해 호의적이지만은 않는 견해가 일관되게 흐르고 있었다. 많은 이들이 소로의 작품에서 철학과 실제, 개인주의와 사회적 책임, 물리적 고립과 사회적 개입 등이 충돌하고 있다고 지적했다. 전반적인 그림을 그려보자면 다소 고상하고 이상적이며 지적으로 자기 생각에 골몰한 사람, 즉 도학자의 풍모를 갖춘 사람이 올림포스 산에서 내려다보듯 인간의 행동을 관찰한다는 것이었다. 『보스턴 아틀라스』는 소로가 자신도 독자들과 같은 인간이라는 동질감을 보여주기는커녕 "자신은 이와 같은 속박에서 해방된 것처럼 어리석은 생각을 하면서 독자들을 하등종족 보듯 깔본다"고 지적했다.

이러한 불만에다가 소로가 위선을 떨고 있다는 비난이 더해졌다. 일각에서는 『월든』에 묘사된 은거생활을 가리켜 속이 뻔히 들여다보인다고 비웃었다. 어느 평론가는 숲속 생활이 그렇게 좋으면 그냥 눌러살지 왜 2년 만에 나왔느냐고 비아냥거렸다. 이 평론가에게는 소로가 "간사한 도구를 빌려 문명의 물품을 제조하고 그로 인해 황야에서 견딜 수 있었음에도 불구하고" 상업적인 기업과 부의 축적, 사교계로 앞다투어 돌진하는 행태 등을 비판하는 것이 우스꽝스럽게 보인 것이다. "소로는 문명의 경계에서 야만인 노릇을 했을 뿐이다. 자기 힘으로 문명의 필수

소로가 월든 호숫가에서 보낸 시간은 단순히 목가적인 전원생활이 아니었다. 『월든』에는 소로가 오두막에서 기차 소리를 들으며 경이로운 기술에 대해 감탄을 표하는 구절이 있다. 소로는 산업의 진보를 거부하지 않았다. 다만 그런 진보 자체를 목적으로 보지 말고 하나의 수단으로 보라고 말했다.

품을 마련할 수 없을 때는 언제나 조용한 마을로 발길을 돌리면서 말이다." 다시 말해 소로는 숲속 생활을 접고 돌아오기만 하면 그 역시 기꺼이 빌붙어 먹고사는 문명의 은혜를 원수로 갚는, 혼자 신성한 체하는 협잡꾼에 불과해보였다.

『시민 불복종』이 처음 발표된 『미학 연구』의 평론들 역시 소로의 견해에 적대적이었고 앞에서 지적한 몇 가지 특징을 똑같이 갖고 있었다. 멕시코전쟁을 지지하는 신문이었던 『보스턴 쿠리어』는 "우리는 소로 씨가 조만간 더 나은 국민이 되도록 열심히 기도하며 그의 말을 싹 잊어야 한다"고 말하면서, 소로에게 프랑스의 과격한 공화주의자들에게나 설교하라고 말했다. 또 다른 평론은 소로가 "국가의 법률 가운데 하나라도 양심에 어긋나면 그때마다 국가에 대한 충성 거부를 모든 인

간의 의무"로 삼을 사람이라고 언급했다. 이는 물론 소로가 실제 말한 바를 크게 곡해한 것이다. 또한 소로가 신약성서에 호소하거나 "소로의 견해와 일치하게끔 만들어진 것일지도 모르는 신약의 일부 구절"에 호소한다고 지적했는데, 이 역시 소로가 어느 정도 위선자임을 시사하는 말이다. 소로의 글이 1866년에 책으로 출간되었을 때에도 반응은 전혀 나아지지 않았다. 『크리스천 레지스터』는 "실행 불가능하고 반쯤 정신 나간 이론"의 습작에 불과하다고 말했고, 『필라델피아 인콰이어러』는 "겉치레가 심한 비난조 연설문"이라고 치부해 버렸다.

소로가 죽은 후 비평가들이 발표한 두 편의 에세이로 인해 대중의 마음속에는 그가 무미건조하고 멋을 모르며 금욕적이고 초연한 이상주의자라는 생각이 굳어졌다. 그 중 하나는 제임스 러셀 로웰의 평론이다. 로웰은 하버드대학에서 현대 언어 및 문학을 가르치는 교수이며 정확히

로웰은 귀족적인 미국 문학가의 전형이었다. 소로의 전기를 쓴 헨리 솔트는 소로에 관한 로웰의 글이 발표되고 30년 뒤 이를 "악의적인 풍자의 걸작"이라고 비판했다.

소로와 동시대를 산 인물이다. 로웰은 멕시코전쟁 개전 직후 노예제에 찬성하는 당파와 정부를 풍자적으로 비판한 『비글로 페이퍼즈』를 쓴 바 있다. 그리고 1865년 10월 『북아메리카 평론』에 소로의 서한에 관한 평론을 쓸 당시에는 미국에서 가장 유명한 문학비평가 가운데 한 명이었다.

이 글에서 로웰은 에머슨을 일컬어 영국의 사상으로부터 독립한 미국 문화와 미학의 선구자라고 찬사를 보내면서 "민주주의가 과연 신사를 키워낼 수 있는지가 지금껏 풀리지 않은 미심쩍은 문제였다면, 이 문제는 마침내 긍정적인 쪽으로 해결되었다"고 말했다. 반면 소로에 대해서는 칭찬을 아끼면서 젠체하는 멋없는 기인(奇人)에 지나지 않으며, 아집과 궤변을 추구하는 데 불과한 사유와 관념을 자기 독창적인 것이라고 주장하는 인물이자, 완벽한 작품을 만드는 데 필요한 예술가의 힘이 전혀 없는 인물이라고 깎아내렸다. 로웰은 소로가 자연과 자연의 이치를 찬양하는 것을 두고 감상적인 원시시대 숭배라고 비웃었고 소로의 인간 혐오를 비난했다. "보통 사람들과 더 허물없이 지냈다면 인간이라는 족속에게도 참으로 훌륭한 특질이 많이 있음을 알게 되어 소로에게 도움이 되었을 텐데 안타깝기만 하다." 다시 한번 위선자라는 비난이 등장한다.

소로는 남의 땅을 무단으로 점유했으며 남의 도끼를 빌려 쓴다. 널빤지, 못, 벽돌, 회반죽, 책, 등불, 낚싯바늘, 쟁기 등등 그가 쓰는 모든 물건이 인위적인 문명의 죄악과 그가 공모한다는 불리한 증언을 하고 있다. 어쨌든 이 문명이 소로 같은 인물도 존재할 수 있게 해준 것이다.

훗날 스페인과 영국 주재 공사가 된 로웰은 정치 참여에 대한 소로의 혐오 역시 비난했다.

소로가 경외심으로 가득 차서 밍크와 마멋을 연구하는 동안 그가 경멸해 마지않는 그의 이웃들은 조국을 무대로 하여 이미 막이 오른, 운명이라는 존엄한 연극에 참여하고 있다.

이와 같은 로웰의 험담은 교양인이 소중히 여기는 가치들을 소로가 공격한 데 대한 언짢은 반응으로 평가받아 왔다. 로웰은 그 자신이 지체 높은 교양인의 본보기였다. 그리고 "운명이라는 존엄한 연극" 운운하는 표현은 서부 개척이라는 '명백한 운명'*을 가리키는 게 분명한데, 소로는 여기에 담긴 야만적이고 제국주의적인 측면이 실제로 나타나기 두 세대 전에 이를 예견했다. 그렇지만 로웰의 글은 소로라는 인물과 그의 작품에 대한 세간의 견해를 형성하는 데 큰 영향을 미쳤다.

---

* 명백한 운명(manifest destiny)이란 백인이 아메리카 대륙 전체를 지배할 천명을 타고났다는 백인 우월주의·팽창주의 이데올로기를 말한다. 뉴욕의 저널리스트 오설리번(John O'Sullivan, 1813~1895)이 그의 논설에서 "아메리카 대륙에 뻗어나가야 할 우리의 명백한 운명은 해마다 증가하는 수백만 인구의 자유로운 발전을 위하여 하느님이 베풀어주신 것이다"라고 쓴 것에서 연유했다.

소로에 대한 진실

소로에게 쏟아진 비난 가운데 대부분은 소로가 실제로 쓴 글을 면밀히 보기만 하면 쉽게 반박할 수 있다. 『월든』에는 소로가 독자들에게 스스로 생각할 것을 권유한 수많은 사례가 있다. "나는 결코 남이 내 생활방식을 그대로 따르기를 바라지 않는다." 또한 소로는 동시대 사람들과 자신을 동일시했다. "나는 나 자신이 아니라 인류 전체를 자랑하는 것이다." 소로는 자신을 우월한 사람으로 내세우려 한 게 아니라, 우리가 어떻게 살고 있는지 고찰하고 '인간 속의 신성'에 주목하는 것이 중요하다는 사실을 예를 들어가며 보여주고자 했던 것이다. "세상을 잃어버리고 나서야 비로소 우리는 자기 자신을 발견하기 시작하며, 우리가 서 있는 위치와 우리 관계의 무한한 범위를 깨닫기 시작한다." 소로는 월든 숲에서 나오며 자신에게는 "살아야 할 또 다른 몇 개의 인생"이 있다는 이유를 들었다. "그리하여 숲 생활에는 더 이상의 시간을 할애할 수 없었다."

사회와 시민정부의 혜택은 누리면서 그 뿌리는 손상시키려 했다는 비난에 대해서도 소로 자신의 말로 대답할 수 있다. 우선 『시민 불복종』에서 소로는 오로지 중요한 문제에 대해서만 법률 준수를 거부해야 한다고 말한다. 이른바 정부라는 기계의 '마찰'에 대해서는 크게 신경을 쓰지 않아도 된다는 것이다. 둘째, 소로는 정당한 정부라는 관념 자체를 부정하지 않는다. 소로는 무정부주의자가 아니었으며 무정부주의 단체에 가입한 적도 전혀 없다(우리가 아는 한, 소로는 어떤 정치단체에도 가입한 적이 없다. 개리슨을 중심으로 결집한 노예제 폐지론자들에게 공감을 느끼기는 했지만 그 조직의 회원은 아니었다).

소로의 글은 "가장 좋은 정부는 전혀 다스리지 않는 정부이다"라는 유명한 선언으로 요약되지만, 글 전체 맥락에서 보면 이는 구체적인 제안이라기보다는 천년왕국의 도래 같은 희망이라고 할 수 있다. 소로는 인류가 완전한 경지에 이르러 각 개인이 도덕률에 따라 행동하게 된다면 정부가 전혀 필요하지 않을 것이라고 말한다. 그렇게 되기 전까지는 소로 역시 기꺼이 법의 지배에 동의할 것이지만, 어떤 대가를 치르더라도 무조건 동의하겠다는 것은 아니다.

1861년에 찍은 소로의 유리판 사진에는 건강이 악화된 흔적이 보인다. 이 사진을 찍을 때 마흔네 살밖에 되지 않았는데, 1856년의 은판 사진과 비교해보면 불과 5년 사이에 모습이 많이 변했음을 알 수 있다.

이러한 입장에 대한 언명은 자조적인 멋진 구절로 나타난다. "실로 나는 조용히, 내 나름의 방식으로 정부에 전쟁을 선포하는 바이다. 비록 이런 경우에 흔히 그러하듯 계속 정부를 이용하고 그 혜택을 누리기는 하겠지만 말이다." 이를테면 우리는 대부분의 일상적인 문제에 관해서 국가와 국가의 법적 요구에 협조한다는 실용적인 결정을 내릴 수 있지만, 그렇다고 해서 이러한 결정이 도덕적 원칙을 심각하게 손상시킬 때조차 법에 대한 충성을 철회하지 못한다는 의미는 아닌 것이다.

소로를 이해하는 데 큰 영향을 미친 두번째 에세이도 사람들이 소로의 글을 자세히 읽도록 만들지는 못했다. 1862년 8월 『애틀랜틱 먼슬리』라는 잡지에 발표된 이 글은 원래 소로의 스승인 에머슨이 그의 장례식에서 읊은 추도사를 손본 것이었다. 에머슨은 소로의 됨됨이를 묘사하기에 앞서 몇 가지 전기적인 사실을 소개한다.

소로는 어려서부터 어떤 직업교육도 받지 않았고, 결혼도 하지 않았으며, 늘 혼자 살았고, 교회에도 일절 가지 않았으며, 투표를 한 적도 없다. …… 고기를 전혀 먹지 않았고, 포도주도 입에 대지 않았으며, 담배라곤 피워본 적이 없다. …… 재물을 모으는 데 재능이 없었고, 가난하면서도 너저분하거나 멋없다는 기색은 조금도 풍기지 않는 법을 알고 있었다. …… 소로는 상대방에 맞서 싸우려는 유혹을 받지 않았으며 식욕도, 열정도, 고상한 취미도 없었다.

이러한 묘사에서 풍겨나오는 핏기 없는 고결함의 냄새를 감안하면, 소로에게 친한 친구가 거의 없었다는 것도 놀랄 일은 아니다.

어떤 제안을 듣더라도 본능적으로 논박부터 하고 보려는 것 같았고, 우리가 일상적으로 하는 생각의 한계들을 도무지 참지 못했다. …… 그토록 순수하고 정직한 사람과 애정 어린 관계를 유지한 동등한 동반자가 하나도 없었던 것은 이 때문이다. "나는 헨리를 사랑해." 그의 친구 중 하나가 말했다. "그런데 좋아할 수가 없어. 그 친구 팔을 잡으면 말이야, 꼭 느릅나무 가지를 잡는 느낌이야."

이 부분에서 에머슨은 다소 껄끄러워하는데, 문제의 그 친구가 다름 아닌 에머슨 자신이기 때문이다. 느릅나무에 관한 이야기는 에머슨의 일기에도 나온다.

에머슨은 모든 사물을 고향 마을인 콩코드를 잣대로 평가하는 소로의 습관에 대해서도 관심을 가졌다. 에머슨은 이를 "다른 지역은 거들

에머슨은 추도사에서 콩코드에 대한 소로의 애착을 목가적인 기행(奇行)으로 그렸다. "꼬마 요정 같은 기이한 인물"인 소로가 지금껏 책 한 권 쓴 일이 없다고 유감을 표명한 『뉴욕타임스』의 평을 보면 에머슨의 글이 낳은 왜곡된 결과를 알 수 있다.

떠보지도 않으며 사람에게 가장 좋은 곳은 그가 발을 딛고 있는 자리라는 확신의 명랑한 표현"이라고 주장하지만 독자들은 우스꽝스러울 정도로 편협한 태도라는 인상을 받는다. 마지막으로 에머슨은 소로가 외견상 사회를 멀리한 것에 대해 어느 정도 실망했다는 속내를 내비친다. "소로가 남다른 활동력을 잃은 게 너무 안타까운 나로서는 그에게 야망이 없다는 게 큰 흠이었다고 생각할 수밖에 다른 도리가 없다. 야망이 부족한 까닭에 소로는 아메리카 대륙 전역을 설계하는 대신 허클베리를 따러 가는 일행의 우두머리가 되었다."

에머슨의 글에서 가장 놀라운 것은 소로의 저작에 관해 거의 언급도 하지 않는다는 사실이다. 에머슨은 소로의 문필 경력에 대해 일절 거

메이 올컷은 에머슨이 장례식에서 한 연설의 논조를 유감스럽게 생각했다. 하지만 그 뒤로는 오히려 에머슨식으로 해석된 소로의 모습이 널리 알려지게 된다.

론하지 않고 출간된 소로의 작품들에 대한 평가도 전혀 하지 않았다. 다만 출간되지 않은 일기만을 간혹 인용하고 있는데, 이는 소로가 오로지 자기 자신만을 위해 글을 썼다는 인상을 남긴다. 이를 통해 떠오르는 인상은 강박적이고 반사회적이며 편협하고 금욕적인 은둔자의 모습이다. 아마 직업적으로나 개인적으로나 에머슨보다 더 심하게 배신하기는 힘들 것이다.

추도사의 어조가 이처럼 냉정한(혹자는 적대적이라고 말할지도 모른다) 까닭은 앞장에서 살펴본 것처럼 1849년 무렵 두 사람 사이에 생긴 불화에 있었다. 아마 그곳 청중들은 이런 불화에 관해 알고 있었을 것이며 그에 따라 에머슨의 발언을 판단했을 것이다. 장례식에 참석했던 루이자 메이 올컷*은 어느 친구에게 보낸 편지에서 추도사가 "시간으로 보나 장소로 보나 부적절한 내용이었다"고 말했다.

그러나 소로 사후 19세기에 출간된 두 권의 주요 작품집에 서문으로 실린데다가 오늘날까지도 선집에 꼭 수록되어 재출간되고 있는 에머슨의 회고록은 당시의 현지 주민들보다 훨씬 폭넓은 독자층에게 읽혔다. 글이 쓰여진 맥락을 전혀 알지 못한 채 에머슨의 글을 접하는 독자

---

* 루이자 메이 올컷(Louisa May Alcott, 1832~88)은 『작은 아씨들』의 작가로 유명하며 브론슨 올컷의 딸이기도 하다. 일생을 매사추세츠 주 콩코드와 보스턴에서 보냈으며 에머슨, 소로와도 우애가 깊었다.

들은 액면 그대로 받아들일 공산이 크다. 에머슨은 19세기 미국 문화의 위대한 인물 가운데 한 사람이고, 따라서 그의 견해는 어느 정도 무게를 갖기 때문이다. 소로는 자기를 변호할 기회가 없었다. 에머슨의 글이 소로에 대한 당대의 평판에 얼마나 해를 끼쳤는지, 그리고 재능을 헛되이 낭비해버린 이류 문인이라는 소로에 관한 신화가 어떻게 하여 그의 사후 수십 년 동안 안목 있는 독자들이 그의 글을 발견하는 것을 가로막는 장애물이 되었는지는 아무리 강조해도 지나치지 않을 것이다.

저작 출간 과정

소로가 사람들의 이목을 끌지 못한 마지막 이유는 아주 현실적인 것으로, 일단 사람들에게 읽히려면 책으로 출간되어야 하기 때문이다. 소로의 첫번째 책인 『콩코드 강과 메리맥 강에서 보낸 일주일』은 1849년 당시 관행대로 자비로 출판되었다. 그러나 이 책은 거의 알려지지 않았고 인쇄 부수의 5분의 1가량만이 판매되어 소로에게 빚만 잔뜩 남겨주었다. 1854년에 출간된 두번째 책 『월든』은 첫번째 책보다는 성공을 거두었지만 결과적으로는 소로가 출간한 마지막 책이 되었다. 자기 글의 편집을 놓고 편집자들과 다투면서 소로의 글은 결국 생전에는 책의 형태로 출간되지 못했다. 1906년에 출간된 소로 전집이 20권에 달했던 점을 감안하면, 잡지를 제외하고는 전혀 발표할 기회를 잡지 못한 글이 상당한 분량이었음을 알 수 있다.

　「시민정부에 대한 저항」은 『미학 연구』에 발표되었지만, 이 잡지는 거의 관심을 끌지 못했고 결국 첫 호를 마지막으로 폐간된다. 다행히도 소로 사후 그의 친구와 추종자들이 상당한 노력을 기울여 그가 남긴 자

1853년에 쓴 일기에서 소로는 자신에게 9백 권의 장서가 있는데, 그 중 7백 권은 판매가 되지 않아 출판사에서 돌려보낸 『콩코드 강과 메리맥 강에서 보낸 일주일』이라고 자조적으로 말하고 있다.

료를 편집·출간했다. 1860년대에 에세이집이 몇 권 나왔지만 소로의 이름이 겨우 잊혀지지 않도록 하는 정도였고 판매는 지지부진했다. 1880년대에 자연 관련 서적에 대한 관심이 크게 높아지면서 호튼 미플린이라는 출판업자가 소로의 일기 가운데 일부를 추려내서 『매사추세츠의 이른 봄』이라는 책을 출간했다. 뒤이어 다른 계절 이름으로 세 권이 더 나왔고 많은 독자들이 소로의 글을 읽기 시작했다.

1892년에는 10권으로 된 전집이 출간되었고, 그 뒤 1906년에는 14권짜리 『일기』를 포함한 전집 20권이 나왔다. 소로에 대한 관심이 빠르게 확산된 것은 아니었지만, 그래도 이제는 일반 사람들이 그의 작품을 접할 수 있게 되었다. 그렇지만 미국에서 그나마 이름이 알려진 곳에서도 소로는 주로 자연을 노래한 작가이자 소박한 삶의 주창자로 이름을 얻었다. 정치사상가로서 소로의 중요성을 처음으로 알아본 곳은 그가 에머슨과 겪은 불화를 생각한다면 소로로서는 실망할 수밖에 없는 지역이었다. 바로 영국이다.

The Legacy

『시민 불복종』의 유산

소로와 영국 사회주의

미국에서 소로가 인신공격성 비난의 물결 속으로 가라앉거나 환경보호론자라는 말이 생기기도 전에 환경보호론자로 알려지고 있었던 반면, 영국에서는 갓 태어난 사회주의 운동 집단들이 그의 정치사상을 기꺼이 받아들였다. 소로에 관해 알려진 많은 사실들이 흔히 그렇듯이, 이러한 측면의 영향력 역시 지금까지 다양한 형태로 오해되거나 과장되어 왔다. 20세기 초 소로의 전기를 쓴 어떤 이는 "윌리엄 모리스

빅토리아 시대 영국의 위대한 실천적 인물인 모리스는 소로와는 달리 사회적 삶의 분투와 혼란으로부터 초연할 만한 여유가 없었다.

와 맑스의 후예인 영국 노동당은 『월든』을 자신들의 신념을 나타내는 여행용 성서이자 복돈(pocket piece ; 운수 좋으라고 호주머니에 넣고 다니는 옛날 동전)처럼 사용한다"고 솔직하게 말했다. 다른 작가 역시 소로가 영국 노동운동에 끼친 '지대한 영향'에 관해 언급했다. 소로가 미국에서 명성을 누리기에 앞서 그보다 훨씬 전에 영국에서 이름을 떨친 것은 사실이지만, 앞에 인용한 표현을 접할 때 머릿속에 떠오르는 것만큼 그의 영향력이 널리 퍼진 것은 아니었다.

　이러한 오해를 낳은 이유는 빅토리아 시대 말 영국의 사회주의 정치운동이 매우 복잡했다는 점에 있다. 영국의 사회주의는 19세기 초 로버트 오언의 협동조합 운동으로 시작되어 1850년대에는 혁명적 차티스트 운동*으로 이어졌다.

　그러나 1880년대에 이르러 각기 다른 문제를 강조하는 수많은 분파의 등장으로 상황이 복잡해졌다. 1881년에 창건된 사회민주연맹은

모리스의 사회주의동맹은 영국 노동운동의 수많은 분파 중 하나에 불과했다. 모리스의 집 정원에서 찍은 이 사진에는 모리스와 그의 부인, 딸의 모습이 보인다.

맑스주의자를 자처하는 H. M. 하인드먼이 이끄는 조직이었다(그러나 맑스 자신은 하인드먼의 맑스주의 해석을 불쾌하게 여겼다). 1884년 사회민주연맹에서 분리운동을 벌이며 사회주의동맹이 결성되었다. 사회주의동맹은 맑스주의자라기보다는 도덕적 사회주의자였던 윌리엄 모리스의 지휘 아래 있었는데, 자본과 노동 사이의 투쟁 못지 않게 사회주의가 약속하는 삶의 질에도 관심을 기울였다. 또한 비어트리스 웹과 시드니 웹 부부의 영향 아래 모인 중간계급 지식인 집단인 페이비언협회 외에도 신생활협회나 국교회 계열인 성마테오회 등의 소규모 집단도 있었다. 1893년에는 노동계급 중심의 독립노동당이 창건되었다.

---

* 차티스트 운동(Chartism)은 1837∼38년 경제 불황기에 일어난 영국 노동계급의 선거법 개정운동으로 6개 요구사항을 내걸었다. 남자 보통선거권, 비밀투표, 매년 의회선거, 의원 재산자격 폐지, 세비 지급, 평등한 선거구 등이 그것이다.

1879년에 출간된 헨리 조지의 『진보와 빈곤』은 가장 널리 읽힌 정치경제학 저작 가운데 하나이다. 토지를 국유화하고 자본 및 노동에 부과되는 세금을 재산세로 단일화하자는 주장은 유럽의 급진 사상가들에게 큰 영향을 미쳤다.

이 집단들은 공동의 적인 자본주의에 대해서뿐만 아니라 서로간에도 종종 충돌했다. 가령 사회민주연맹은 의회에 노동계급 대표를 진출시키는 것에 찬성했지만, 사회주의동맹은 의회를 부패하고 쓸모없는 기관으로, 따라서 민주적 절차보다는 무력행동을 선호하는 무정부주의자들이 접수해야 할 기관으로 보았다. 이처럼 영국 사회주의는 아홉 개의 머리를 지닌 히드라 같은 모습이었다. 따라서 한 사상가가 이처럼 다양한 분파를 모두 지배할 수 있었다고 주장하기는 어려울 것이다.

윌리엄 모리스가 소로에게 영향을 받았다는 증거는 하나도 없다. 가장 근래에 나온 모리스의 전기에도 소로의 이름은 언급되지 않는다. 모리스는 『월든』을 읽기는 했지만, 소로가 인간의 문제에 충분히 개입하지 않는 인간생활의 방관자라고 생각했다.

나는 어느 누구든 사람이 아니라 사물에만, 또는 사물의 견지에서 본 사람에게만 관여하려고 스스로 세심하게 주의를 기울이면 참으로 편안한 삶을 누릴 수 있음을 경험을 통해 안다. 그러나 내 천성이 이를 허락하지 않는다 .

웹 부부나 하인드먼 역시 소로의 영향을 받은 흔적이 없다. 소로보다 더 큰 영향을 미쳤던 미국인으로는 헨리 조지가 있는데, 당시 지도적인 사회주의자 가운데 많은 이가 그의 책 『진보와 빈곤』을 읽었고 1882년과 1883년에는 헨리 조지가 직접 영국 순회강연을 하기도 했다. 그렇지만 좀더 자세하게 들여다보면 사회주의 정치 분야에서 소로의 정치사상과 씨름을 한 세 명의 중요한 인물이 드러나는데, 이 가운데 한 명은 소로를 세계 무대에 알리는 데 중요한 역할을 한다.

『클라리온』은 1891년에 블래치퍼드가 창간한 주간신문이다. 민중의 일상어인 구어체를 택한 이 신문의 문체는 노동계급에게 사회주의 사상을 전파하기 위한 것이었고, 『살기 좋은 잉글랜드』는 단행본으로 출간되기 전 이 신문에 연재되었다.

두 사회주의자의 삶과 소로의 사상

로버트 블래치퍼드는 1889년 하인드먼과 모리스가 쓴 『사회주의 원리 개요』를 읽고 사회주의자로 돌아선 언론인이며 훗날 독립노동당의 창건자가 된 인물이다. 맨체스터에서 발간되는 『선데이 크로니클』과 자신이 발행한 신문 『클라리온』에 블래치퍼드가 매주 쓴 논설은 영국 노동계급 사이에 사회주의 사상을 대중화시키는 데 커다란 역할을 했다. 블래치퍼드는 『월든』을 읽었는데, 간소한 삶과 인간 존재의 '영적인' 차원에 대한 탐색이라는 소로의 사상이 그의 사회주의적 신념과 일치했다.

1893년에 블래치퍼드는 사회주의가 필요한 이유와 사회주의를 통해 만들어질 새로운 세계의 모습에 관한 견해를 담은 책 『살기 좋은 잉글랜드』를 출간했다. 얼핏 보아도 책 전반에 걸쳐 소로의 음성이 메아리침을 알 수 있다.

영국 북부의 밀소프는 사회주의 유토피아 공동체였다. 이는 브룩팜 같은 미국 초월주의 공동체 실험과 비슷한 것이기도 하다. 『민주주의를 향하여』에는 소규모 사회주의 공동체라는 카펜터의 이상이 담겨 있다.

먹고 마시고 일하는 것만으로 이루어진 삶은 인간의 삶이 아니다. 그것은 짐승의 삶이다. 그런 삶은 살 만한 가치가 없다. 밤이고 낮이고 강제노동 같은 일을 하면서 먹고살기 위해 끝없이 땀을 쏟고 고생해야 한다면, 차라리 고통스러운 노예의 사슬을 단번에 끊고 죽어버리는 게 나으리라.

일부 진영에서는 『살기 좋은 잉글랜드』를 정치적 세련화가 결여된 무기력한 인상주의 소묘라고 간단히 무시하기도 했다. 가령 훗날 노동당의 지도자가 된 램지 맥도널드는 이 책을 가리켜 마치 외바퀴 손수레를 그려가며 자동차를 설명하는 사람과 같다고 말했다. 그렇지만 1페니짜리 염가본으로 출간되어 2백만 부 이상 팔린 이 책은 사회주의에 동조하는 사람들을 만들어내는 데 커다란 역할을 했다. 이 책에서 블래치퍼드는 독자들에게 『월든』을 읽어보라고 추천했으니, 결과적으로 영국의 폭넓은 대중들에게 소로를 소개한 셈이 되었다.

에드워드 카펜터는 넉넉한 중간계급 집
안 출신으로 케임브리지대학을 졸업한 뒤 같
은 대학 트리니티홀 칼리지의 특별연구원이
되고 사제 서품을 받았다. 그러나 얼마 지나
지 않아 낭만주의와 개인주의적인 기질 때문
에 빅토리아 시대 말기 케임브리지의 숨막힐
듯한 체제 순응적 분위기와 충돌하게 된다.
결국 1874년 특별연구원 자리를 사임한 뒤,
남녀 노동계급의 교육을 목표로 한 공개강좌
운동의 일환으로 영국 북부에서 강의를 시작
했다. 강의를 통해 카펜터는 노동계급의 생활
을 가깝게 접하는 동시에 인간의 자유와 평등
에 대한 사상을 한껏 고취시켰고, 이러한 변

1905년 밀소프에서 찍은 카펜터의 사진. 카펜터
역시 소로처럼 괴팍하고 은둔적인 성향을 가지고
있었다. 하지만 물질적 평등뿐만 아니라 성적·
사회적 자유까지 두루 포괄했던 그의 사회주의
사상은 많은 추종자를 끌어모았다.

화는 1883년 휘트먼풍의 산문시인 『민주주의를 향하여』의 출간으로 정
점에 다다랐다. 같은 해 아버지에게 물려받은 유산으로 셰필드 근처 밀
소프에 약간의 땅을 산 카펜터는 그곳에서 소수의 남녀 노동자들과 원
시 공산주의적인 생활방식을 영위하며 살았다. 그 전에 이미 카펜터는
소로의 책들을 읽고 그의 생각에 깊은 인상을 받았었다. 카펜터는 『월
든』 한 권을 모리스에게 보내준 일이 있고, 1884년에는 월든 호수로 일
종의 순례여행을 하기도 했던 것이다. 카펜터가 선택한 삶의 방식과 그
의 저작 전체에 걸쳐 인용된 소로의 글을 보면 그가 소로에게서 많은 영
향을 받았음이 분명하다.

　　카펜터는 하인드먼이나 모리스 같은 당대의 손꼽히는 사회주의자

들을 많이 알고 있었고, 사회민주연맹의 기관지 『정의』의 발간 자금을 지원했으며, 나중에는 모리스의 사회주의동맹에 가담했다. 또한 여성의 권리, 남녀관계 개혁, 산업 재편성 등 수많은 진보적 목표를 지지하는 강연을 하고 글을 썼다. 『민주주의를 향하여』는 판을 거듭하면서 수많은 젊은 급진주의자들의 성서가 되었다. 카펜터는 사회주의 찬가 '영국이여 일어나라!' 를 만들기도 했는데, 이 노래는 1960년대 말까지도 런던 청년공산주의자 동맹의 집회에서 불리곤 했다. 소로에게처럼 카펜터에게도 개인의 자유가 지고의 가치였으며, 따라서 카펜터식 사회주의 역시 소규모 지역 그룹과 개인의 자아실현에 초점을 맞추었다. 카펜터는 블래치퍼드의 독립노동당을 지지하기는 했지만, 사회주의가 전국적인 운동으로 발전해 나가면서 정치운동에서는 서서히 발을 뺐다. 그렇지만 다른 한편으로 중간계급의 점잖은 인습에 대한 반역(그의 채식주의, 구두 대신 샌들을 신고 다니는 행동, 공공연한 동성애 등은 부르주아 사회에 파문을 일으켰다)을 통해 당대 사람들뿐만 아니라 E. M. 포스터나 D. H. 로렌스 같은 후대의 작가들에게도 개인의 자유를 상징하는 대표적인 인물로 각인되었다.

소로의 진실을 알아본 헨리 솔트

영국의 소로 신봉자 가운데 가장 중요한 인물은 헨리 솔트이다. 카펜터와 마찬가지로 솔트도 영국의 기성체제라는 안전한 성채에서 직업생활을 시작했으니, 이튼 사립학교의 교사가 첫 출발점이었다. 그러나 이튼에 부임하고 몇 년도 되지 않아, 지적인 문제에 흥미를 보이는 학생이 거의 없고 학교측에서 새로운 사상의 습득을 효과적으로 금지시키며 중간계급의 체통이 생활을 지배하는 원리임을 깨닫게 된 솔트는 자기가 속한 세계의 가치에 의심을 품기 시작했다.

처남인 J. L. 조인즈 역시 이튼의 교사였는데, 헨리 조지의 아일랜드 강연여행에 동반했을 당시 공공질서를 해친 혐의로 체포된 일을 소상히 설명한 소책자를 발간한 것 때문에 사임할 수밖에 없었다. 조인즈는 이미 사회민주연맹의 유명인사가 되어 있었고 모리스, 하인드먼, 엘리너 맑스(맑스의 막내딸), 카펜터 같은 저명한 사회주의자들을 솔트에게 소개해 주었다. 솔트는 카펜터의 글을 읽었고 이를 통해 소로의 작품과 소박한 삶에 관한 소로의 사상도 알게 되었다. 자서전에서 솔트는 다음과 같은 깨달음에 관해 쓴 바 있다.

우리가 거추장스럽게 걸치고 있는 장식품 가운데 대부분이 없어도 살 수 있다는 사실, 상류사회에서 꿈꾸는 것보다 훨씬 더 소박하고 검소하게 살 수 있다는 사실 말이다.

솔트는 이튼의 교사직을 사임하고 서리의 시골집으로 이사하여 소로를 진지하게 읽기 시작했다. 솔트의 집을 종종 찾던 사람 가운데 W. J. 저프라는 이가 있었는데, 그도 열렬한 소로 추종자였다. 저프는 자서전 『나그네』에서 한 장 전체를 소로 이야기에 할애하여 자연주의자로서 소로의 여러 특징을 설명했을 뿐만 아니라 소로를 "진리를 추구하는 가차없는 사상가이자 탐색가"라고 정의하기도 했다. 저프는 신생활협회의 창립위원이었다. 사회의 정치·경제적인 개혁뿐만 아니라 도덕적인 개혁의 필요성까지 역설한 이 협회의 이념은 소로의 개혁사상과 밀접하

영국 남부 서리에 있는 시골집으로 이주한 솔트는 사색하고 글을 쓸 수 있는 시간을 얻었고, 두 권으로 된 그의 자서전에는 수많은 진보적 운동을 지지한 평생의 삶이 고스란히 녹아 있다.

게 연결되는 것이며, 협회의 성격 자체도 사회주의보다는 초월주의에 가까웠다. 솔트의 처남인 조인즈 역시 신생활협회 회원이었으니 솔트로서는 여러모로 소로의 저작을 연구하기 좋은 환경에 있었던 셈이다.

소로에 관한 솔트의 첫번째 글은 1885년 사회민주연맹의 기관지 『정의』에 발표된 것이다. 이 글에서 솔트는 소로의 생애와 『월든』에 관하여 설명하면서 소로의 개혁주의 원칙을 찬양했다.

대서양 저편 나라의 정부와 사회의 비정상적인 모습과 폭정을 고발한 미국 작가 가운데 소로만큼 설득력 있는 이는 하나도 없다. 비록 사회주의자를 자처하지는 않지만, 오히려 인간 개인의 능력에 호소한다는 점에 있어서 소로는 모든 사회개혁가들이 연구해 볼 만한 인물이다.

이처럼 이 글은 소로를 강력하게 옹호하고 있지만, 앞에서도 보았듯이 사회민주연맹과 그 지도자인 하인드먼이 소로에 관심을 기울인 흔적은 전혀 없다. 어쩌면 전혀 놀라운 일이 아닐 것이다. 사회민주연맹은 오로지 맑스주의적인 유물론의 측면에서 노동계급을 위한 경제개혁을 추구했고, 이를 달성하기 위해 집단적인 정치행동을 주요 목표로 삼았기 때문이다. 소로는 이러한 성향의 영국 개혁가들에게 매력적으로 보이기에는 너무 개인주의적인 인물이었다. 확실히 솔트는 교조적인 사회주의에서 벗어나기 시작하면서 소로가 개혁운동에 대해 갖는 의미를 한결 폭넓은 관점에서 보게 된다.

1886년에 쓴 두번째 글은 '완전한 존재가 될 수 있는 인간의 가능성'과 개인의 중요성에 관련된 소로의 주된 철학사상을 검토하는 내용을 담고 있다. 이 글은 『시민 불복종』의 중요성에 대해서도 관심을 이끌어냈다. 소로의 삶을 온당하게 다루는 전기가 필요하다고 마음을 굳힌 솔트는 관련 정보를 얻기 위해 소로와 개인적으로 알았거나 그의 작품을 잘 아는 미국 사람들에게 편지를 쓰기로 했다. 소로의 친구였던 다니엘 리켓슨에게 보낸 편지에서 밝힌 대로, 책을 쓰는 주된 목적은 다음과 같은 것이었다.

용어의 평범한 의미 그대로 비판보다는 해석을 하려는 것입니다. 소로 같은 진짜 천재의 경우 그의 한계를 심하게 들춰내기보다는 감사하는 마음으로 받아들이는 것이 비평가의 의무라는 게 제 신념이니까요.

1890년에 출간된 솔트의 전기는 소로의 인간적인 결함에 대해 분명히 밝히면서도 미국의 전기작가들이 쓴 작품과는 달리 소로의 사상에 대해 공감하는 평가를 담고 있다. 소로를 잡글이나 쓰는 싸구려 작가로 묘사한 로웰과는 대조적으로, 솔트는 그를 사려 깊은 예술가로 소개했고 소로의 문체와 유머감각, 역설을 즐겨 사용한 습관까지 적당한 비중을 두어 다루었다. 솔트는 에머슨과 소로의 사상적 차이를 낱낱이 밝힘으로써 소로가 선배를 모방한 인물에 불과했다는 비난을 덜어 주었다. 또한 솔트는 삶에 대한 소로의 철학에서 가장 중요한 사상을 어느 누구보다 완벽하게 찾아냈다.

만약 삶의 분투 속에서 짓눌리고 뒤틀리지만 않는다면, 각 개인의 마음에는 자기 나름의 고유한 자질을 키우고 타고난 기질을 마음껏 펼쳐나갈 공간이 있다.

솔트는 '개인의 노력으로 …… 사회를 개혁해야 한다'는 『시민 불복종』의 급진적인 주장을 밝히면서 그 중요성을 강조했다. 그리고 소로가 "우리 시대의 복잡한 문명이 야기한 가장 큰 위협, 즉 삶과 문학의 인위성에 대해 어느 누구보다 격렬하면서도 열정적으로 항의했다"고 주장하면서 끝을 맺는다.

솔트는 소로의 글을 추려내어 『노예제 반대 및 개혁 논설집』을 펴냈고 1895년에는 『소로 선집』을 편집해서 출간했다. 더 많은 영국인들에게 소로를 소개하려는 생각에서였다. 1896년에는 그 전에 염가본으로 출간되었던 『헨리 데이비드 소로의 생애』를 개정판으로 펴냈다. 더나아가 솔트는 동물에 대한 인도적인 처우, 채식주의, 감옥 개혁, 세계평화 등을 위해 운동하는 유명한 활동가가 되었고, 자연 탐구에 관한 많은 책을 쓰기도 했다. 이렇듯 솔트의 모든 저작에는 소로의 고유한 흔적이 강하게 풍긴다.

솔트가 쓴 소로의 전기는 출간 당시부터 엄청난 부수가 팔린 건 아니지만, 70년 넘게 소로의 생애와 사상에 관한 가장 중요한 자료로 그 역할을 톡톡히 했다. 이 전기는 지금까지도 출간되고 있을 뿐만 아니라, 많은 소로주의자들에게 소로의 핵심 사상을 가장 종합적으로 평가한 책으로 여전히 인정받고 있다. 설령 이 책이 역사의 책장 구석에 처박힌 채 망각되었다 하더라도, 1907년 남아프리카에서 일하던 인도의 한 변호사가 이 책을 읽었다는 사실만으로 오늘날 소로의 명성은 필연적인 결과였음을 알 수 있다. 그 변호사의 이름은 모한다스 K. 간디이다.

소로와 간디

1900년 이전에 간디를 만난 사람들은 그가 유명한 사회적 인물이 되리라거나 한 나라의 도덕적·정신적 지도자이자 대영제국의 강대한 힘에 용감하게 대항하는 인물이 되리라고는 꿈에도 생각하지 못했을 것이다. 간디는 1869년 인도의 구자라트 주에서 지방 정부 관리의 여섯 아이 가운데 하나로 태어났다. 어린 시절에는 학자나 지도자로서 특별한 장래성이 보이지 않았지만, 열여섯 살에 간디의 아버지가 세상을 떠났을 때 집안 사람들은 전문직 자격증을 따서 형제자매를 부양할 만한 아이로 간디를 점찍었다. 그리하여 간디는 1888년 법률을 공부하기 위해 영국으로 갔다.

런던에 도착했을 당시 간디의 모습은 천 조각 하나를 걸친 사진에 익숙한 대부분의 사람들이 상상하는 모습과는 전혀 딴판이었다. 영국의 신사 전통을 서툴게 모방한 양복을 차려입은데다가 신사용 실크 모자에 각반과 검은 에나멜 구두, 심지어 은으로 장식한 지팡이까지 들고 있었으니 말이다. 간디는 프랑스어, 사교춤, 바이올린, 웅변술까지 배웠다. 이런 교육은 그리 오래가지 못했지만, 격식을 차린 옷차림만은 영국을

1890년 런던에서 찍은 젊은 간디의 사진. 어느 모로 보나 영국 신사의 모습이다.

떠나고 몇 년이 지나서도 바뀌지 않았다. 차림새를 비롯한 서구 문물을 받아들이려는 노력은 아마 낯선 나라에 홀로 선 젊은이로서 자기 고유의 문화에 대한 자신감이 없었기 때문이리라. 영어도 유창하지 못하고 그렇다고 돈이 많은 것도 아니었던 간디는 설상가상으로 수줍음까지 많이 탔다. 또 다른 문제는 고기를 먹지 않는다는 것이었는데, 당시 영국에서는 채식주의자가 흔치 않았다. 게다가 하숙집 여주인이 해주는 음식은 대부분 맛이 없어서 먹을 수 없을 정도였다. 마침내 채식 전문 식당을 찾아낸 간디는 영국에 와서 처음으로 제대로 된 밥을 먹는 즐거움을 누렸다. 뿐만 아니라 먹거리를 윤리 및 종교와 결부시켜 설명한 헨리 솔트의 『채식주의를 위한 호소』를 발견하기까지 했다. 이 책은 간디에게 먹거리와 건강, 종교의 관계에 대한 관심을 불러일으켰고 이러한 관심은 죽을 때까지 이어진다. 뒤에서 살펴보겠지만, 솔트의 책이 간디에게 영향을 미친 것은 이번만이 아니었다.

간디가 영국에 체류한 주된 목적은 법률 공부였고, 1891년에 변호사 자격을 얻음으로써 목적 달성에 성공했다. 그러나 다시 돌아온 인도는 간디가 꿈꿔왔던 성공의 땅이 아니었다. 인도 법률에 관해 거의 알지 못하는데다가 실무 경험도 전무했기 때문이다. 1893년 남아프리카에서 사업을 벌이고 있던 한 인도 회사가 현지에 가서 대리인 역할을 해 달라고 요청하기 전까지 간디는 생계를 근근이 이어나가는 지경이었다. 물론 이런 틀에 박힌 업무는 런던에서 교육받은 변호사의 높은 기대를 충족시켜 주기 힘든 것이었다. 하지만 바로 이 경험을 통해 간디는 실패한 변호사에서 20세기의 가장 카리스마적인 인물로 변모하게 된다. 간디가 처음으로 소로를 알게 된 것도 남아프리카에서였다.

남아프리카에 싹튼 시민 불복종

간디가 영국에 처음 발을 디딜 당시에는 약간 불안한 정도였다면, 남아프리카에서 처음 맞닥뜨린 몇 차례의 사건은 충격 그 자체였다. 남아프리카에 도착하고 일주일 뒤 기차를 타고 더반에서 프리토리아로 가던 중 한 백인 승객이 간디가 유색인이라는 이유로 칸막이 객실을 함께 쓸 수 없다며 고집을 부렸다. 간디는 1등칸 표를 내밀며 그 자리에서 버텼지만 결국 경찰관에 의해 기차에서 쫓겨났다. 이 일을 필두로 간디는 모욕적인 대우를 수도 없이 겪게 되는데, 남아프리카의 인도인들은 보통 이런 대우를 받아도 굴종적인 태도로 묵인했다. 간디는 대영제국의 다른 신민들과 동등한 대접을 받는 데 익숙했고, 인종차별의 기미를 조금

1900년 요하네스버그에서 찍은 간디의 사진. 젊은 시절 남아프리카 연방에서 차별을 당하면서 간디는 근본적인 변화를 겪었고 인도인들을 위해 싸우기로 결심하게 된다.

도 느끼지 않은 채 영국 사회에서 자유롭게 뒤섞여 생활했었다. 그러나 남아프리카에서는 인도인들이 사회적인 모욕을 받을 뿐만 아니라 투표권을 박탈당하고, 세금을 착취당하며, 자유로운 이동권을 제한당하는 부당한 법률의 희생자였다.

이런 차별적인 법률을 반대하는 운동에 뛰어든 간디는 법정에서 싸우는 한편, 런던의 영국 당국에 탄원을 하고 언론에 글을 쓰는 등 각처에 호소했다. 소심한 변호사였던 간디는 점차 노련한 변호사이자 정치적 대변인으로 탈바꿈했다. 그는 남아프리카에 횡행하는 불평등의 문제를 부각시키고 반대여론을 불러일으키기 위해 갖가지 다채로운 방법을 동원했다. 남아프리카에 거주하는 인도인들에게 견디기 힘든 현실의 문제를 일깨우고, 이에 대한 저항의지를 고무하기 위해 『인도인의 견해』라는 신문을 창간하고 재정을 담당했다. 1894년에는 인도인들의 불만을 제기하기 위한 정치결사체인 나탈지역인도의회를 창설하는 과정에서 큰 역할을 했다. 또한 고위 정부 관리들에게 직접 진정하기 위해 런던을 방문하기도 했다.

이 모든 방법은 1914년 인도로 돌아간 뒤에 벌이게 되는 정치활동에서도 고스란히 되풀이된다. 그렇지만 간디가 사용한 가장 유명한, 그리고 어떤 면에서는 가장 효과를 발휘한 방법은 그를 소로와 가장 밀접하게 연결시키는 전술이다. 사티아그라하(satyagraha) 또는 시민 불복종 말이다.

사티아그라하

정확히 언제인지는 사람들마다 의견이 분분하지만, 간디는 대략 1906
년에서 1907년 사이에 『시민 불복종』을 읽었다. 1907년에 간디가 헨리
솔트에게 보낸 편지에는 어떤 친구로부터 『시민 불복종』을 받았다는 이
야기가 적혀 있다. 확실히 간디는 이 글에 깊은 인상을 받았다.

이 글이 너무나도 설득력 있고 진실로 가득 차 있어서 소로에 관해 더
많이 알고 싶다는 생각이 들었습니다. 그 와중에 당신이 쓴 전기와 『월
든』, 그리고 소로의 다른 단편들도 알게 되어 전부 읽었는데, 마찬가지
로 즐거운 독서였고 값진 가르침을 얻었습니다.

이 즈음 간디는 1906년에 제정된 아시아인 등록법에 대한 항의로
첫번째 시민 불복종 운동을 조직하는 일에 열중하고 있었다. 트란스발
정부에서 도입한 이 법의 골자는 인도 출신 이주민은 모두 총독부에 등
록을 하고 지문을 찍어야 한다는 것이었다. 간디는 이러한 굴욕적이고
차별적인 법에 항거하기 위해 나탈에서 인도인 대중집회를 소집했다.
집회 참석자들은 등록을 거부하는 동시에 그로 인해 야기될 모든 결과
를 감내하겠다고 맹세했다. 1908년 간디는 등록 거부를 고무한 죄로 2
개월간 투옥되었다. 이것은 향후 그의 정치적 삶에 일종의 쉼표를 찍는
수많은 투옥의 신호탄이었다. 다른 많은 책들과 더불어 솔트의 『헨리 데
이비드 소로의 생애』를 읽은 것도 바로 이때 감옥에서였다.

소로의 글과 간디의 사상이 정확히 어떤 관계인지 단언하기는 쉽
지 않다. 불의에 맞서는 시민의 저항이라는 사상은 소로에게서 직접 연

성공한 변호사였던 간디는 남아프리카 당국의 억압적인 정책에 반대하는 투쟁에서 현지 인도인들을 진두지휘할 수 있는 수입과 사회적 지위가 있었다.

유한 것은 아니다. 인도 문화에는 이러한 행동이 오랜 역사적 전통으로 이어져왔다. 한 예로 인도의 채권자들은 빚을 받아내기 위해 이른바 '앉아 버티기'라는 행동으로 호소하곤 했다. 채무자 집 문앞에서 며칠이고 끼니를 굶으며 앉아서 버티면 결국 채무자가 창피를 견디지 못해 돈을 갚는 일이 다반사였다. 중세의 기록을 보면 백성들이 부당한 통치자에 맞서 집단으로 단식을 한 예도 많다. 간디가 태어나기 전인 1860년에도 소득세 부과에 항의하여 세금고지서를 집단으로 찢어버리는 대중적인 행동이 벌어지기도 했다. 그러므로 비폭력 집단행동이라는 전통은 인도 문화의 일부라고 볼 수 있다.

간디는 소로를 비롯한 서구 사상가들을 통해 얻은 깨달음으로 이러한 시민 불복종의 전통을 명확한 원칙으로 정립했다. '진리의 힘'이

1931년 런던에서 열린 채식주의자협회 회의. 솔트는 이 회의에서 간디가 젊은 시절에 큰 감명을 받은 책의 지은이라는 이유로 간디의 오른쪽 자리에 앉는 영광을 누렸다.

라는 뜻의 사티아그라하가 바로 그것이다. 간디는 '수동적' 저항의 개념을 끔찍이 혐오했다. 그것은 저항하는 쪽의 힘이 약하다는 것을 시사하기 때문이다. 그러나 소로는 억압적 국가에 맞서는 개인의 힘을 강조했고, 여기서 간디는 든든한 사상적 버팀목을 발견한 것이다. 간디가 보기에 사티아그라하는 적극적인 행동이었다. 그것은 불의에 맞서는 용기와 강인한 정신의 행동을 의미한다. 사티아그라하는 "한 개인이 고난을 견딤으로써 적을 무릎 꿇게 만들 수 있다"는 믿음에 뿌리를 둔 것이었고, 이 행동에서 중요한 것은 감옥행을 기꺼이 받아들이는 태도였다. 트란스발 투쟁 초기에 간디는 다음과 같은 글을 썼다.

우리는 트란스발의 인도인들이 이러한 결심을 굳게 지키기만 한다면,

바로 그 순간 족쇄에서 벗어나리라고 믿는다. 이런 믿음만 있다면 감옥은 어느새 궁전으로 바뀔 것이다. 감옥에 가는 일이 수치가 아니라 명예가 되는 것이다.

간디가 설파한 사티아그라하는 인도인들에게 자신감을 불어넣어 대영제국의 말 잘 듣는 부하 노릇을 그만두게 했다. 감옥에 갇히는 일은 진실에 대한 강한 신념을 증명해준다. 우리는 여기서 당연하게 소로를 떠올린다.

의기소침하지 않고 더 자유로운 영혼을 가진 사람들을 위해 매사추세츠 주가 마련해놓은 유일한 자리, 오늘날 가장 떳떳한 자리는 감옥이다. 비록 주 정부가 법령에 의거하여 이들을 가두었다 하더라도 이 사람들은 이미 자신의 원칙에 의거하여 스스로를 감옥에 몰아넣은 것이다. 도망노예나 가석방된 멕시코인 죄수, 자기 종족이 당하는 부당한 대우를 호소하러 온 인디언이 이 사람들을 만날 수 있는 곳 역시 감옥이다. 격리되어 있으나 더욱 자유롭고 명예로운 곳, 매사추세츠 주가 자기에 동조하지 않고 반대하는 사람들을 가두는 곳, 노예의 나라에서 자유로운 인간이 명예롭게 거주할 수 있는 유일한 집 역시 감옥이다.

어떤 상황에 대한 실용적 대응이었던 사티아그라하는 간디에 의해 의식적으로 추구하는 이상이 되었다. 소로, 톨스토이, 러스킨 등의 서구 작가들이 이러한 과정에서 큰 역할을 했다. 간디는 소로야말로 남아프리카에서 자신이 한 활동에 '과학적 확증'을 제시해주었다고 공공연히 밝혔으며, 1907년에는 『인도인의 견해』에 『시민 불복종』을 발췌하여 게재하기도 했다. 간디의 저작에는 소로의 글이 자주 인용되고 있다. 1931년 프랑스에서 열린 회의에 간디와 함께 동행한 로저 볼드윈의 말에 따르면, 당시에도 간디는 소로의 책을 한 권 갖고 있었다고 한다.

간디를 만났던 로저 볼드윈은 간디가 소로의 이념과 저작을 존경하고 있다고 증언했다.

간디는 …… 소로를 통해 시민 불복종 전술과 그것의 도덕적 정당성을 처음으로 명확히 알게 되었다면서 자기는 소로의 이름을 빌렸을 뿐이라고 말했다.

간디와 소로를 연결하는 중요한 고리가 또 있다. 소로는 동양의 신비주의 저작에 푹 빠져 있었고, 아마 간디만큼이나 베다 문헌을 많이 읽었을 것이다. 소로는 스물네 살이 되던 1841년에 『다르마 샤스트라』를 읽었고, 1845년에 월든 호숫가의 오두막에서 『바가바드 기타』를 읽었다. 소로는 『일기』에 다음과 같이 적었다.

신약성서가 순수한 도덕성으로 유명하다면, 베다 문헌의 정수는 순수한 지성이라 할 수 있다. 『바가바드 기타』만큼 독자를 더 크고 순수하고 진기한 사유의 영역으로 끌어올려 한 동안 그곳에 머무르게 하는 책은 어디서도 찾아보기 어렵다.

소로는 인도 신비주의 전통의 저작에 흠뻑 빠져들었다. 그는 『월든』에서 이렇게 토로하기도 했다. "아침마다 나는 『바가바드 기타』의 거대한 우주 철학 속에 내 정신을 푹 담근다. 이에 비하면 우리 시대의 문학은 보잘것없고 진부하게만 보인다."

1855년에는 영국인 친구 토머스 첨리가 소로에게 동양서적 44권을 보내주었는데, 이는 당시 미국에서 소로가 가장 많은 동양서적을 보유하고 있었음을 의미한다. 이렇게 보면 간디가 동료 '구도자'에게 이끌린 것은 어쩌면 당연한 일이다.

대조적인 철학

소로가 간디에게 영향을 미친 것은 의심의 여지가 없지만, 두 사람을 가르는 몇 가지 근본적인 차이점이 존재하는 것도 분명하다. 하나는 비폭력 철학의 중심인 아힘샤(ahimsa ; 불살생)이다. 간디의 사상에 중요한 영향을 미친 것은 그가 성장한 구자라트의 자이나교 문화였다. 자이나교는 비폭력과 생명 존중이라는 힌두교의 교리를 철저하게 따를 것을 강조했다. 심지어 걸어가다가 우연히 개미를 밟는 일조차 의식적인 폭력 행위만큼 영혼을 위협하는 것으로 간주했다. 비록 어린 시절에 간디 스스로 종교적 배경을 대부분 거부하기는 했지만, 나중에 감옥에서는 『코란』과 『바가바드 기타』, 산상수훈 같은 종교문헌을 읽으며 유년기에 자신을 둘러싸고 있었던 종교사상을 다시 떠올리게 된다. 사실 간디의 아힘샤 개념은 타인에게 해가 되는 일을 하지 않는다는 전통적인 힌두 사상을 뛰어넘은 것이었다. 그것은 악에 저항하는 방편으로 형벌까지 감내하는 적극적인 행동이었다. 비폭력은 사티아그라하에서 절대적으로 요구되는 것이었는데, 왜냐하면 폭력은 항의의 윤리적 순수성을 손상시키기 때문이다.

그러나 소로는 부당한 정부에 저항하는 과정에서 폭력의 사용을 도외시하지 않았으며, 국가가 자신을 감옥에 가둘 권리가 있다고 동의하지도 않았다. 또한 법률에 따라 결정된 존 브라운의 처형을 놓고 국가에 이의를 제기하기도 했다. 소로의 철학은 개인에 대해 권력을 행사하는 국가의 권리에 도전했다. 이와 대조적으로 사티아그라하는 국가의 처벌에 따른 고통을 감내하도록 했다. 이러한 감내야말로 고통받는 이의 주장이 윤리적으로 우월하다는 것을 보여줄 수 있는 수단이기 때문이다. 어떤 법의 부당함을 부각시킬 때조차도 일단 법의 지배를 인정해야 했는데, 그렇지 않으면 무정부 상태를 초래할 수 있기 때문이다.『인도인의 견해』에『시민 불복종』을 발췌 · 게재하면서 간디가 덧붙인 소개글에는 소로 역시 몸소 고통을 겪은 사실을 강조하고 있다. 이것은 매우 의미심장하다.

소로는 위대한 작가요 철학자요 시인인 동시에 가장 실천적인 인간이었으니, 그는 자신이 직접 실천할 각오가 되어 있지 않은 문제에 관해서는 일절 가르치지 않았다. …… 소로는 자신이 신봉하는 원칙과 고통받는 인류를 위해 감옥에 갔다. 그리하여 소로의 글은 고난에 의해 신성한 정당성을 얻게 되었다.

간디의 철학은 겸손과 자기희생 (간디는 이를 고귀한 행동으로 보았다)을 통해 권력 당국을 부끄럽게 만드는 데 바탕을 두고 있다. "무고한

간디의 사티아그라하는 항의하는 사람의 주장이 순수함을 보여주기 위해 법의 처벌을 순순히 받아들인다. 이 점에서 간디의 철학은 국가의 권위를 확고하게 거부한 소로의 철학과 다르다.

한 명의 자기희생은 타인을 죽이려 하다가 자기가 죽는 백만 명의 희생보다 백만 배나 효과가 있다."

미국의 소로

소로는 영국 사회주의자들에게 진지하게 받아들여졌고 또 인도의 독립에 중요한 역할을 했지만 정작 조국인 미국에서는 여전히 주목받지 못하는 인물이었다. 그러나 1920년대 중반 이후 학계의 비평가들과 폭넓은 대중이 그의 저작을 집어들기 시작했고, 괴짜 은둔자가 자연사랑을 노래한 것 이상의 무언가로 읽게 된다. 이 당시만 해도 미국 문학은 학술적 연구 주제가 되지 못했다. 그런데 학계에서 점점 미국 작가들에게 관심을 돌리기 시작하면서 소로를 비롯한 미국 작가의 작품들이 처음으로 각급 학교의 교과과정에 실리게 되었다. 소로에 관한 한 여전히 자연주의자에 초점이 모이기는 했지만, 정치사상가 소로 역시 마침내 모습을 드러내게 된다.

당시 소로의 사회 · 정치적 저작을 검토한 사람들은 대부분 자신들이 발견한 바에 대해 그다지 열광하지 않았다고 말하는 게 옳을 것이다. 1920년대는 여러 모로 소로의 사상과 적대적인 시대였다. 캘빈 쿨리지 대통령의 말을 빌리자면 미국의 관심사는 온통 사업에 쏠려 있었으며, 이의제기는 말할 것도 없고 자기성찰의 여지조차 거의 없었다. 훌륭한 시민, 즉 사회가 자기에게 부여한 역할을 묵묵히 수행하면서 빨갱이의 위협에 대한 경각심을 잃지 않고 성조기와 공화당과 금주(禁酒)와 정교를 굳게 믿는 시민이 되는 게 시대적인 대세였다. 따라서 소로의 개혁주의 성향을 인정한 비평가들은 얼마간 양면적인 태도를 보였다. 1920년 한 작가는 이렇게 말했다. "어떤 이들은 소로가 단합된 세계의 공동 노력에서 자기도 한 사람의 몫을 다함으로써 얻는 든든한 기쁨을 알지 못했다는 점을 우려하고 있다."

이와 같은 보수적인 자기만족은 1929년의 경제붕괴로 급작스럽게 허물어져 버렸다. 갑자기 엄청난 수의 사업체가 문을 닫았고, 루스벨트 대통령은 1933년의 취임식에서 "행복은 단지 돈의 소유에만 있는 것이 아니"라고 선언했다. 이와 같은 상황에서 물질적인 재화 없이도 살 수 있음을 보여준 소로의 『월든』은 순식간에 일자리와 농장을 잃은 수많은 미국인들에게 너무나도 중요한 의미로 다가왔다. 그리하여 소로의 정치 · 사회적 저작들이 사회비평가와 언론인들의 큰 관심을 끌었고, 대립

쿨리지 대통령 시절의 미국인들은 국가의 존재와 그 성공에 만족했고, 소로식의 개혁에 필요를 느끼지 못했다. 그러나 1930년대의 대공황은 이러한 자기만족에 큰 구멍을 냈다.

하는 여러 당파들은 소로를 서로 자기네 편이라고 주장하게 된다. 그것은 오늘날에도 되풀이되고 있다.

1930년대 루스벨트의 뉴딜정책은 수십 년 동안 이어져 온 보수적인 시대가 막을 내리고 자유주의의 가치가 회귀했음을 알리는 신호탄이었다. 정치의 스펙트럼이 전반적으로 왼쪽으로 이동하게 되자, 일부에서는 소로를 제퍼슨식 민주주의자로 보거나 사회에 만연해 있는 기업 중심 물질주의의 파괴적 성격을 고발하는 예언자로 받아들였다. 다른 한편 집단적 해결책은 미국이 직면한 문제들을 온전히 해결할 수 없다고 본 사람들 역시 소로를 받아들였다. 개인의 문제에 대한 정부의 간섭을 반대하면서 자조(self-help)를 유일한 구제책으로 본 자유지상주의 우파는 소로에게서 그들의 사상적 근거를 취했다. 또한 맑스주의자들이 주장하는 사회적 통제경제를 몸서리치게 싫어했던 이들 역시 소로의 글을 자주 인용했다. 거꾸로 맑스주의자들은 소로의 반사회적 철학에 주춤하면서 그를 파시즘의 선구자로 보았다.

1930년대 말에 이르면 소로는 정치적 지도 위에 확고한 자리를 잡게 되지만, 자신들의 대의명분에 소로를 끌어들인 사람들의 주장 어디에서도 소로의 사상에 대한 명쾌한 분석은 거의 볼 수 없었다. 소로를 옹호하는 사람들은 대개 그들 나름의 목적에 맞게 소로를 받아들였고 여기에 들어맞지 않는 것은 쉽게 간과해 버렸다. 헨리 사이들 캔비가 대표적인 예라고 할 수 있는데, 캔비는 소로에 관해 많은 저술을 썼으며 1939년에는 소로의 전기를 출간하기도 했다. 캔비는 시류에 휘말리지 않는 소로의 비순응주의와 그 어떤 집단행동에도 가담하지 않은 꼿꼿한 태도를 강조하면서 그를 산업기구나 정치조직의 전체성에 맞서는 자립적인 개인의 본보기로 치켜세운다. 캔비는 개인의 자유를 파괴하는 기계의 시대에 대한 해독제로서 "우리 모두 어딘가에 소로를 키워야 한다"고 주장하지만, 반사회적인 비순응주의자들로 이루어진 사회가 실제로 어떻게 운영될 것인지에 대해서는 얼버무리고 만다.

대체로 소로는 조용하게 전쟁을 치렀다. 1930년대가 혼란과 자신감 상실의 시대였다면, 1940년대 이후에는 미국인들이 적에 맞서 하나로 뭉치게 되면서 이것저것 따져 묻는 목소리가 비집고 들어갈 틈이 없었다. 그러나 전쟁 중에도 소로와 관련된 중요한 행사가 열렸다. 1941년 소로의 생애와 작품에 대한 관심을 널리 확산시키기 위해 소로협회가 창립된 것이다. 이 협회는 오늘날까지도 창립 목적을 이어가고 있다. 협회 창립자인 월터 하딩도 인정하듯이 소로 신봉자들 역시 그들 나름

1933년 3월 4일 루스벨트 대통령은 취임연설에서 오로지 경제적 거래에만 토대를 둘 것이 아니라 미국적 가치를 복원시킬 것을 호소했다. 이러한 새로운 의식의 등장과 함께 정치사상가로서의 소로의 주가도 올라갔다.

의 사상과 가치관에 맞게 소로를 변형시키는 일반적인 경향에서 벗어나지 못했다. "우리는 영웅숭배자들이다. 하지만 적어도 우리의 영웅에 대한 일말의 객관성은 견지하고 싶다." 1940년대 내내, 그리고 1950년대에 접어들 때까지 하딩을 필두로 한 소로 신봉자들은 나쁜 이미지를 어느 정도 불식시킨 소로의 사상을 확산시키는 데 커다란 역할을 했다.

전쟁이 끝난 뒤 소로의 정치학은 1920년대와 마찬가지로 다시 뒷전으로 내몰렸다. 일부 비평가들이 소로의 작품에 담긴 상징적 · 신화적 특징을 탐구하고 경탄하기 시작했지만 소로의 개혁주의적 시각은 다시 한번 당시의 지배적인 문화와 부조화를 이루게 되었다. 냉전과 공산주의의 위협, 원자폭탄의 그림자 등으로 인해 형성된 긴장된 분위기 속에서 미국사회는 다시 한번 결집력을 과시했고, 외부에서건 내부에서건 어느 누구도 감히 비판하려 들지 않았다. 낙관주의와 애국적 충절을 지고의 가치로 삼는 보수적 가치관과 종교적 믿음이 되살아났다. 그 결과 하원 반미활동조사위원회가 마음껏 활약할 수 있었다. 실제로 소로 자신이 조지프 매카시가 선동한 마녀사냥*의 희생양이 되었다. 1953년 미국 공보원은 세계 각지의 공보원 도서관에 미국 문학 교과서를 비치했다. 매카시는 이 교과서에 소로의 『시민 불복종』이 들어 있다는 이유로 공보원 도서관에서 책자를 전부 수거하도록 했다.

E. B. 화이트는 『뉴요커』에 쓴 기사에서 매카시의 선동을 웃음거리로 만들었다. 매카시 상원의원이 월든에 있는 소로의 오두막을 방문해 대다수 미국인이 소중히 여기는 독립심과 자립적인 삶을 이유로 들어 소로를 반미주의자로 선언하는 광경을 묘사한 것이다. 어떤 사람이 반체제 인사라고 해서 반드시 공산주의 전복세력인 것은 아니라는 주장의 유용한 근거를 많은 작가와 비평가들이 『시민 불복종』에서 발견했다.

한편 대다수 미국인들은 다시 평상시의 생활로 돌아갔고, 전후의 전반적인 번영은 자족적인 무관심을 조장했다. 그것은 미국사회를 갈라놓는 심각한 단층선을 외면해버렸다. 소로의 개인주의는 전체주의적인 맑스주의자들을 때려잡는 몽둥이가 되거나 사회제도들을 제멋대로 전

---

* 매카시즘(McCarthyism)은 1950~54년 미국을 휩쓴 반공주의 열풍을 말한다. 1950년 2월 매카시 상원의원이 "미국무성에 공산주의자 205명이 있다"라고 폭탄 선언을 했다. 당시 미국은 중국의 공산화와 6·25전쟁 등으로 공산세력의 팽창에 위협을 느끼고 있었다. 매카시의 선언은 이러한 시류에 힘입어 미국인들의 광범위한 지지를 얻게 되었고 미 전역의 수많은 정치인, 언론인, 학자들이 매카시즘의 공포에 떨었다.

하원 반미활동조사위원회는 전후(戰後) 미국사회의 억압적 · 편집증적 경향을 극명하게 보여주었다. 주류 보수적 견해에 찬성하지 않는 것은 반역과 마찬가지로 간주되었다.

복하는 이념으로 비난받았다. 소로 신봉자들은 우리가 잃어버린 것을 되찾자는 『월든』의 정신이야말로 1950년대 미국을 짓누르는 '허위와 두려움과 파시즘'에 대한 해독제라고 찬미했다. 하지만 그들조차도 소로가 어떤 정치적인 해답을 줄 수 있다는 언급은 하지 않았다. 이 말을 들으려면 1960년대를 기다려야 했다.

1960년대의 소로

1950년대 말에는 애국적 충절에 대한 호소로 미국이 당면한 문제들을 덮어누르기가 불가능해졌다. 젊은층을 중심으로 제도적인 인종차별, 빈곤, 환경파괴, 무분별한 물질주의 등에 대한 대중적 각성이 이루어졌고 이것은 대규모의 반체제 정치운동과 시민 불복종의 물결을 일으켰다. 계속되는 베트남전쟁의 참사는 그것과 결부된 정치적 위선, 거짓, 제국주의 등과 더불어 사회적 불안에 끊임없는 잡음을 일으켰다. 국가 지도자들에게 배신당했다는 생각에 격분한 많은 미국인들은 사회를 어떻게 개혁해야 하는지를 밝히는 예언자들의 목소리에 귀를 기울였다. 마침내 소로의 시대가 도래한 것이다.

장기간에 걸친 베트남전쟁은 미국인의 자부심에 상처를 입혔고 냉전의 가치와 개혁주의의 외침이 충돌하는 또 다른 전쟁터를 만들었다.

이 시기에 소로의 명성을 높이는 데 가장 큰 역할을 한 사람은 의심의 여지없이 마틴 루터 킹이다. 대학에서 『시민 불복종』을 공부한 킹은 이 글을 접하자마자 깊은 인상을 받았다. 당시에는 어떤 영감을 받았다기보다는 법률 위반에 대한 지적 변호론을 얻은 것이긴 하지만 말이다. 당시 흑인들이 벌이던 운동과 소로가 쓴 글의 관계를 킹이 깨달은 것은 1956년의 몽고메리 버스 안 타기 운동*을 통해 민권운동이 시작된 직후부터였다.

---

* 1955년 12월 로자 파크스(Rosa Parks, 1913~)라는 흑인 여성이 시내버스의 백인 전용 좌석에 앉았다. 곧이어 운전사와 승객들이 자리를 옮기라고 요구했으나 그녀는 불응했고 결국 인종분리법 위반으로 체포되었다. 이후 이 사건은 몽고메리의 모든 시내버스를 타지 말자는 운동으로 확대되었고, 이듬해 11월 대법원에서 버스의 인종분리는 불법이라는 판결로 마무리되었다.

나는 우리가 몽고메리에서 준비하고 있던 일이 소로가 말한 내용과 관계된 것임을 확신하게 되었다. 우리는 백인사회에 "이제 더 이상 사악한 체제에 협조하지 않겠다"라고 말하고 있었던 것이다.

1년간 이어진 몽고메리 버스 안 타기 운동을 통해 킹은 전국적 유명인사가 되었고, 정치사상가로서 소로에 대한 대중의 인식도 기하급수적으로 확대되었다. 킹이 연설과 저술에서 자주 『시민 불복종』을 언급한 까닭에 소로는 흑인 민권운동, 더 나아가 1960년대를 특징지은 정치적 저항문화와 밀접하게 연결되었다. 킹은 이 싸움의 최전선에 소로를 내세웠다.

악에 협조하지 않는 것은 선에 협조하는 것만큼이나 도덕적인 의무이다. 헨리 데이비드 소로만큼 이러한 사상을 유창하게 열정적으로 전파한 사람은 어디서도 찾아볼 수 없다. 소로의 저술과 그가 몸소 보여준 행동 덕분에 우리는 창조적인 항의라는 유산을 물려받게 된 것이다.

킹의 꿈과 소로

마틴 루터 킹이 한 가장 유명한 연설에서도 소로의 메아리를 들을 수 있다. 1963년 8월 28일 흑인 노동조합 지도자인 A. 필립 랜돌프가 조직한 워싱턴 시의 거대한 민권운동 행진에서 한 연설 말이다. 당시 케네디 대통령은 인종분리 철폐에 반대하는 민주당 내 남부 백인들을 자신의 적으로 돌아서게 만들 민권법안을 준비하고 있었고, 따라서 워싱턴 행진을 취소하기를 원했다. 케네디는 이렇게 말했다. "우리에게 필요한 건

1960년대에 태동하는 듯 보였던 새로운 미국이라는 희망은 킹과 케네디에 의해 실현되는 듯했다. 그러나 두 사람 모두 자신들의 꿈이 결실을 맺는 것을 보지 못하고 세상을 떠났다.

국회의사당 앞에서 크게 한판 보여주는 게 아니라 의회에서 실질적인 성공을 거두는 것입니다." 랜돌프는 이러한 요청을 거부했고 동료 킹도 랜돌프의 뜻에 동의했다. 행진을 저지할 수 없음을 깨달은 케네디는 대신 이 행진을 "불만사항을 시정하기 위한 평화적인 회합"이라고 부르면서 포용하는 쪽을 택했다.

워싱턴 행진에 참여한 25만 명 가운데에는 찰턴 헤스턴, 새미 데이비스 2세, 시드니 포이티어 등도 있었다. 말론 브란도는 경찰의 야만성을 상징적으로 보여주기 위해 가축몰이용 전기막대기를 들고 행진했다. 가축몰이용 전기막대기는 경찰견과 더불어 남부 백인 경찰이 흑인들의 집회와 시위를 폭력적으로 진압하기 위해 주로 사용한 도구였다. 경찰 측의 기록으로는 이 행진에서 단 네 명만이 체포되었는데 넷 모두 백인이었다. 링컨기념관 앞 계단에서 한 킹의 연설로 이 행진의 모든 일정은 마무리되었다. 킹은 그 전에도 여러 차례 비슷한 연설을 한 적이 있었지만 이번에는 전 세계의 눈과 귀가 온통 쏠려 있었고 킹은 당당하게 대처

했다. 링컨 이야기로 시작해 "아메리칸 드림에 깊이 뿌리 내리고 있는 꿈" 이야기로 연설을 마무리하면서 킹은 인종차별에 대한 도덕적 오점을 공격했다. 소로와 마찬가지로 킹은 참석한 사람들의 양심을 겨냥해 연설하면서 미국 시민이 지니고 있는 자기이해의 뿌리, 즉 미국이라는 나라가 세워진 토대를 언급했다.

소로는 오히려 자유로운 시야를 되찾을 수 있었다는 이야기로 감옥에서 보낸 하룻밤의 이야기를 마무리한 바 있다.

나는 수선을 맡긴 구두를 찾으려고 구둣방에 가던 길에 감옥에 잡혀갔었다. 다음 날 감옥에서 나온 나는 전날의 용건을 마무리하려고 구둣방으로 달려가서 수선한 구두를 신었다. 그리고는 허클베리를 따라 가는 무리에 합류했는데, 이 사람들은 나한테 길잡이를 맡아 달라고 보챘다. 말이 곧 준비되었고, 반시간쯤 뒤 3킬로미터쯤 떨어진 제일 높은 언덕 위에 있는 허클베리 밭 한가운데 도착해보니, 주 정부는 어디에도 보이지 않았다.

어떤 면에서 보면 이 구절은 말 그대로 하다가 만 일을 계속 했다는 뜻을 담고 있다. 그러나 다른 각도에서 보면 마지막의 몇 단어에 소로 사상의 핵심이 모두 응축되어 있다고 해도 좋으리라. 3킬로미터(콩코드에서 월든 호수까지의 거리)만 떨어지면 어디에도 국가가 보이지 않는다는 것이다. 소로는 청중들에게 일상의 사소한 제한에서 벗어나 자기처럼 높은 곳으로 올라오라고, 한결 더 중요한 무언가를 곰곰이 생각해보라고 권유하고 있다. "국가가 자신의 권력과 권위의 원천으로서 개인을

더욱 고귀하고 독립된 힘으로 인정하고 그
에 걸맞게 대접하지 않는 한, 진정으로 자유
롭고 계몽된 국가는 없을 것이다."

킹 역시 자신의 유명한 연설에서 똑같
은 이야기를 했다. 킹의 연설은 당대의 사회
적 쟁점을 다루고 있다는 점에서 정치적인
연설이다. 그리고 동시에 우리가 시민으로
서 함께 산다는 것이 무슨 의미인지를 말한
다는 점에서 이상적이며 복음적인 연설이기
도 하다.

킹이 링컨기념관 앞 계단에서 「나에게는 꿈이 있습니다」라는 유명한 연설을 하고 있다. 킹은 소로야말로 미국 흑인들이 벌이고 있는 투쟁의 선구자라고 보았다.

나는 오늘 친애하는 여러분께 말하고자
합니다. 비록 지금 우리는 역경에 시달리
고 있지만, 그래도 나에게는 꿈이 있습니다. 나의 꿈은 아메리칸 드림
에 깊이 뿌리 내리고 있는 꿈입니다.

나에게는 꿈이 있습니다. 언젠가 이 나라가 우뚝 서서 "우리는 모든 사
람이 평등하게 태어났다는 것을 자명한 진리라고 주장한다"라고 한 신
조의 참된 의미를 몸소 실천하는 날이 오리라는 꿈입니다. 나에게는
꿈이 있습니다. 언젠가 조지아의 붉은 언덕에서 노예의 후손들과 노예
주인의 후손들이 형제애가 넘치는 식탁에 함께 둘러앉게 되리라는 꿈
입니다. …… 나에게는 꿈이 있습니다. 언젠가 나의 네 자녀들이 피부
색으로 사람을 평가하는 나라가 아니라 인격으로 사람을 평가하는 나
라에서 살게 되리라는 꿈입니다.

킹은 미국사회를 위해 인종평등의 꿈을 현실로 만들려는 헌신적인 노력이 없다면 케네디의 민권법은 무의미하게 될 것임을 알고 있었다. 차별적 법률을 점진적으로 철폐하는 것뿐만 아니라 미국인들의 사고방식 자체를 근본적으로 개조할 필요가 있음을 인식했던 것이다. 소로에게 노예제가 그러했던 것처럼 정당한 법 절차를 기다리는 것으로는 충분하지 않았다. 법적인 치료는 "시간이 너무 많이 걸리며, 그 사이에 한 사람의 일생이 다할 것이다."

반문화

소로협회가 주도한 캠페인이 있은 후, 1960년에는 뉴욕대학 명예의 전당에 소로의 이름이 올랐다. 1945년에 추천되었을 때에는 최종 투표에서 근소한 차이로 부결되었다. 그때 선정위원 중 한 명은 소로가 『시민 불복종』을 발표하여 미합중국을 위협했다는 이유를 들며 그의 헌액 자격에 이의를 제기하기도 했다. 국가에 대한 저항이 많은 사람들의 생활방식이 되어가고 있었던 1960년에는 이런 문제가 전혀 없었다. 1960년대에 『시민 불복종』은 『월든』만큼이나 소로의 명성에서 중심을 차지했고, 심지어 1968년에 나온 판본은 통상적인 수록 순서를 뒤바꿔서 『시민 불복종 & 월든』이라는 제목으로 나오기도 했다.

1960년대 말에 이르면 반전시위대, 환경운동가, 평화주의자, 무정부주의자, 나체주의자, 히피 등이 서로 앞다투어 소로를 자기 이념의 일원으로 내세우게 된다. 코네티컷 주 그로튼에서 핵잠수함 반대시위를 벌이는 데 사용된 보트의 이름은 '헨리 데이비드 소로 호'였다. 티셔츠와 달력, 우표 등에 소로의 얼굴이 등장했고 소로 글의 인용문 모음집이 출간되었다. 월터 하딩이 지적한 것처럼 "우리 시대의 온갖 주의 가운데 소로를 자기 것으로 받아들이려고 하지 않은 주의는 거의 없다." 물론 이러한 수용 가운데 몇 가지는 하딩으로서는 못마땅한 것이었다. 하딩 같은 고독 찬양자가 보기에 아마 히피 공동체만큼 소름끼치는 집단도 없었으리라. 그렇지만 "당신이 보기에 어떻게든 내가 쓸모 있다고 생각

반전운동단체는 시민정부에 대한 저항이라는 소로의 원칙을 실천에 옮긴 여러 집단 가운데 하나이다. 그들은 미국 핵잠수함기지에서 반전시위를 벌였다.

되면 …… 나를 사용하라"고 했던 소로로서는 그토록 많은 사람들이 열정적으로 자기 제안을 받아들인 데 대해 기뻐했을 것이 틀림없다.

역설적으로 들릴지 모르지만 이러한 기다란 신봉자 목록이 소로의 영향력을 축소시킨 면도 있다. 만약 소로가 모든 사람에게 각각 전부가 되는 어떤 존재일 수 있다면, 이는 소로가 자신이 진짜로 말하고자 한 바를 알지 못했거나 또는 소로를 자기 편이라고 주장한 사람들이 그를 제대로 읽지 않았다는 것을 의미한다. 두 가지 모두 어느 정도 진실이다. 확실히 소로는 동료 초월주의자들이 흔히 그러했듯이 사상의 체계와 틀에 박힌 양식을 소홀히 했다. 에머슨은 "어리석은 일관성은 편협한 정신이 만들어낸 도깨비에 불과하다"라고 지적한 바 있고, 휘트먼과 마찬가지로 소로 역시 "여러 가지를 담아내는" 데 만족했다. 소로는 글을 쓸 때 여러 가지로 해석될 여지를 허용했고, 관심의 폭 또한 넓어서 다

양한 독자층을 두루 포괄했다. 그러니 소로가 자신이 말하고자 하는 바를 몰랐다기보다는 할 말이 너무 많았다고 보는 게 옳을 것이다.

그러나 소로를 자기 편이라고 주장한 사람들이 그를 제대로 읽지 않았다는 건 확실하다. 앞서 지적했듯이 소로의 글에서 자신들의 선입견과 다른 부분은 못 본 체하고 그들 나름의 목적에 맞게 소로를 이용한 사람들은 부지기수다. 특히 1960년대 사람들이 소로의 글에서 보지 못한 주된 맹점은 폭력적인 저항에 대한 소로의 태도와 관련된 것이었다.

비폭력

소로의 전기를 쓴 헨리 사이들 캔비는 일찍이 1939년 미국이 제2차 세계대전에 휘말려서는 안 된다는 자신의 주장을 뒷받침하기 위해 평화주의자 소로를 만들어내기도 했다. 캔비는 정의를 얻기 위해서는 폭력이 필요할 수도 있다는 『시민 불복종』의 암시를 순간적인 착각이라고 설명했다. 그리고 설령 소로가 남북전쟁이 한창 중일 때까지 건강했더라도 북부연방을 위해 싸우려고 입대하지는 않았을 것이라고 생각했다. 더 나아가 캔비는 그의 책이 출간될 무렵 유럽에서 무르익고 있었던 전쟁에 대해서도 소로는 똑같은 태도를 취했을 것이라고 말하기까지 했다. 그러나 소로가 폭력의 불가피성을 받아들인 것은 한순간의 착오가 아니었다. 이것은 소로의 다른 글에서도 여실히 나타나지만, 캔비는 이를 모른 척했다. 「존 브라운 대장을 위한 호소」에서 소로는 다음과 같이 말한다. "나는 남을 죽이고 싶지도 남의 손에 죽고 싶지도 않지만, 이 두 가지 모두를 피할 수 없게 될 순간이 오리라는 것을 안다." 그리고 「매사추세츠의 노예제」에서는 독재 정부에 관해 논하는 맥락에서 다음과 같

1859년 존 브라운의 재판을 그린 판화. 하퍼스페리 습격에서 부상을 당한 브라운은 병원 침대에 누운 채 법정에 출두했다. 소로를 자신들의 동료로 여기는 평화주의자들은 세 편의 글을 통해 브라운의 전투적인 행동을 열정적으로 옹호한 소로의 면모를 간과하고 있다.

이 말하고 있다. "내가 어떤 성냥에 손을 댈지, 어떤 제도를 폭파해버리려고 할지를 굳이 말할 필요는 없으리라."

1960년대에는 대중의 마음속에 평화주의자로서의 소로가 굳어졌다. 이렇게 된 이유 가운데 하나는 『시민 불복종』에 뒤이어 나온 소로의 글들을 간단히 무시해버렸기 때문이다. 「존 브라운 대장을 위한 호소」는 미국 문학선집에 수록되는 경우가 드물었고 심지어 『소로선집』에도 거의 실리지 않았다. 1947년에 처음 출간되고 1964년에 개정판이 나온 『읽기 쉬운 소로』는 대학에서 널리 교재로 사용되었다. 편집자의 설명에 따르면 이 책은 소로의 작품 가운데 대표작만을 모아놓은 책이었지만 「매사추세츠의 노예제」나 「존 브라운 대장을 위한 호소」는 수록되지 않았다. 따라서 소로를 영감의 원천으로 받아들인 많은 학생들조차 그

소로의 투옥을 소재로 한 연극은 미국 전역의 대학에서 큰 인기를 얻었고, 자신이 옳다고 생각하는 바를 위해 의지를 굽히지 않는 고결한 예술가라는, 불완전하지만 뚜렷한 소로의 이미지를 굳히는 데 일조했다.

가 무력 저항을 앞장서서 옹호했다는 사실을 전혀 알지 못했을 것이다.

비폭력 저항에 전념했던 마틴 루터 킹과 소로가 밀접하게 결부된 것 역시 평화주의자로서 소로의 명성을 굳히는 데 큰 이바지를 했을 것이다. 사실 킹의 항의방식은 소로의 '도덕률'보다는 간디의 사티아그라하로부터 더 많은 영향을 받은 것이었고, 킹과 간디는 둘 다 폭력을 혐오하는 종교 전통에 뿌리를 두고 있었다. 흥미롭게도 간디 자신은 소로가 폭력의 필요성을 인정한 사실을 잘 알고 있었다. 그러나 1960년대 미국을 휩쓴 소로는 킹에 의해 비폭력주의자로 해석된 소로였다. 존 브라운에 관한 소로의 글들에 관심을 호소하는 소수의 목소리가 있기는 했지만 이러한 흐름을 돌리지는 못했다. 소로에게서 자신들의 대의명분을 지지하는 열정적인 옹호자의 모습을 발견한 항의시위대와 개혁운동가들은 소로의 사상에 잠복해 있는 문제점들을 부각시키고 싶지 않았다. 설령 그러한 문제를 잘 알고 있었더라도 말이다.

비폭력주의자의 가면을 쓴 소로는 반전운동 진영에서 그를 자기편으로 끌어들이면서 더욱 뚜렷해졌다. 1970년에 공연된 「감옥에서 보낸 소로의 하룻밤」이라는 연극은 멕시코전쟁에 반대하는 소로의 입장과 베트남에 개입하는 미국에 대한 당대 사람들의 분노를 나란히 보여주었다. 소로는 원칙을 두고 타협하기를 거부한 평화주의자이자 이상주

암살과 학생소요, 경찰의 폭력진압 등 혼란 속에서 저물어가던 1960년대는 켄트주립대학에서 학생들이 경찰의 총에 목숨을 잃는 사건으로 정점에 달한다. 일각에선 소로를 일컬어 미국을 무정부 상태로 몰고 가는 인물이라고 비난했다.

의자로 그려졌다. 연극이 개봉되고 몇 주도 지나지 않아 미국이 캄보디아를 침공했다. 잇따른 항의시위 속에 켄트주립대학에서 주 방위군이 시위대에 발포, 대학생 네 명이 목숨을 잃었다. 그리하여 당대의 문제들과 소로의 관련성은 더욱 강조되었고, 1972년 말에 이르기까지 이 연극은 미국 전역에서 2천 회 이상 공연되었다.

그러나 1960년대 초의 이상주의가 1960년대 말로 가면서 폭동과 암살에 자리를 내주게 되었다. 그러자 소로가 큰 대중적 인기를 얻었음에도 불구하고 일각에서는 당시의 사회적 소요에 소로가 많은 책임이 있다고 몰아세웠다. 연방 법무국장 어윈 N. 그리즈월드는 미국 곳곳에서 무질서가 맹위를 떨치고 있다고 언급하면서, 소로가 주장한 방식의 시민 불복종은 폭력으로 이어질 수밖에 없다고 주장했다. 국무부 정무

1973년 베트남전쟁이 끝난 뒤 개혁주의자 소로는 다시 시야에서 사라졌다. 이러한 변화에 걸맞게 소로협회는 비과세 대상 지위를 보장받기 위해 규약을 개정, 정치 활동에 관여하는 것을 금지했다.

담당 차관인 유진 V. 로스토 역시 비슷한 기조로 소로의 사상을 비난하면서, 어떤 사회든지 소로가 신봉한 것과 같은 종류의 반사회적 개인주의를 수용하려 한다면 사회 자체가 살아남지 못할 것이라고 말했다. 둘 다 존 브라운에 관한 소로의 글은 들먹이지 않았는데, 아마 이런 글이 있는지 알지 못했기 때문일 것이다. 만약 이를 알았다면 그렇게 가볍게 언급하는 정도로 넘어가지는 않았을 것이다. 1968년 닉슨이 법과 질서를 회복하겠다는 공약을 내세우며 대통령에 당선된 것에서도 알 수 있듯이, 당시 미국은 겉으로 보기에도 분명한 자멸상태에 점점 지쳐가고 있었다. 이제 많은 미국인들은 정상으로 돌아가길 원했고, 소로 숭배자들이 『시민 불복종』을 치워버리고 『월든』으로 돌아가기를 바랐다.

우리 시대의 소로

1973년 미국이 베트남에서 철수할 당시 소로의 대중적 명성은 이미 확고한 상태였다. 소로의 작품에 관한 학계와 비평계의 논의는 소로와 어머니의 관계 및 이른바 '성적인 발육정지'에 초점을 맞추는 정신분석학적 연구로 이동하기 시작했다. 심지어 일군의 학자들은 이미 죽은 사람의 인성검사를 하면서 소로 대신 자기들이 검사지의 질문에 답을 채워 넣었다. 소로가 살아 생전에 불러일으켰던 반응, 즉 비평가들이 소로의 성격적 결함을 놓고 숱한 모욕을 퍼부었던 반응이 좀더 과학적인 토대 위에서 그대로 되풀이되는 셈이었다. 후기 구조주의 사상가들 역시 소로에게 주목하면서 그의 저작에서 보이는 의미의 불확정성과 언어 구사의 파괴적인 간극 및 모순들을 탐구했다. 문학에 대한 학계의 관심이 기존 정전(正典)의 '죽은 백인 남성들'*로부터 멀어짐에 따라, 평단에서 소로가 누리던 명성 역시 어느 정도 줄어들었다. 그렇지만 1970년대에 이르면 일반 대중 사이에서 소로는 자립적인 삶과 독립심이라는 미국적 가치의 본보기가 되었고, 미국 문화를 떠받치는 기둥으로 확고하게 자리잡았다.

로널드 레이건의 백악관 입성은 미국사회가 보수적 가치로 회귀한다는 신호탄이었고, 소로는 이제 정치적 소용이 다한 듯 보였다.

　그러나 1960~70년대의 사회적 격변이 1980년대의 보수주의에 길을 내주게 되면서, 정치적인 소로를 비추던 스포트라이트 역시 점점 멀어져 갔다. 1960년대의 급진주의가 선택을 강요하는 당면한 힘에서 역사적인 분석의 대상으로 변해감에 따라(심지어 한때의 당혹스러운 탈선으로 치부되기도 했다), 사람들은 『시민 불복종』 대신 『월든』을 집어들었다. 그 무렵 한참 태동하고 있던 환경·생태운동가들이 소로를 자신들의 옹호자로 치켜세웠고, 동물권 운동가들과 채식주의자들도 앞다투어 소로를 내세

---

* 죽은 백인 남성들(dead white males)은 서구문명 중심주의를 야유하는 표현으로 1990년대 초 다문화 연구자들 사이에서 생겨난 말이다. 서구문명에서 '중요하게' 간주되는 인물(고대 그리스 철학자, 근대 유럽 철학자, 유럽 탐험가, 유럽과 북미의 작가 등) 대부분이 백인 남성인데, 이들은 이제 모두 죽고 없다는 뜻이다.

음악가이자 환경운동가인 돈 헨리는 월든 숲을 개발의 위험에서 보호하는 데 큰 역할을 했다. 1998년에는 이 지역을 보호하고 소로에 관한 연구와 교육을 장려하기 위해 소로연구소가 설립되었다.

였다. 월든 숲 프로젝트의 웹사이트는 이 지역을 19세기 미국 환경보호론의 발상지라고 말했으며, 오늘날의 소로 신봉자들이 가장 애호하는 소로의 경구는 "야생이야말로 세계를 보호한다"라는 말이다. 그렇지만 소로는 사냥과 동물을 죽이는 문제에 대해 양면적인 태도를 보인 탓에 소로를 지지하는 동물 보호론자들에게 문젯거리를 던져 주었다.

진보적인 운동 가운데 소로에게서 유용성을 발견하지 못한 운동이 있다면 페미니즘을 들 수 있다. 1960년대의 급진적인 추진력에 힘입어 성의 정치학이 전면에 등장하면서 소로에게 부족한 측면이 발견되었다. 소로의 『일기』에서 여성혐오론적 성향을 보여주는 증거가 발견된 것이다. 소로는 남녀문제에 관해서 매우 보수적인 인물로 낙인찍혔고, 적어도 이에 대해서만은 소로를 되살리려는 반대의 목소리가 전혀 들리지 않았다. 이것이 소로의 정치학이 정치 외적인 성향을 띠는 그의 다른 저작들에 자리를 양보하게 된 또 다른 이유일런지도 모른다. 이러한 중요한 사회·정치적 문제에 대해 소로가 쓸모 있는 말을 하나도 하지 못하는 것처럼 보였기 때문이다. 오늘날의 소로 신봉자들에게는 자연세계와 생태계의 보호가 더 안전한 지반이다.

대부분의 사람들이 불온한 부분을 삭제한 탈정치적인 소로를 선호한다고 하더라도 역사상 가장 위대한 미국 작가들을 모아 만신전을 세운다고 할 때 소로의 자리는 확고하다. 1880년대부터 문학 및 미술협회들을 토대로 관광사업을 벌이기 시작한 콩코드는 1970년대 말에 이미 방문객 수가 거의 연간 50만에 달하고 있었다. 그 전까지 오랫동안 비공식적 성지일 뿐이었던 월든 호수는 1965년 국가문화유산으로 지정되었다. 1884년에 이곳을 방문한 에드워드 카펜터는 소로의 오두막이 있던 자리를 표시하는 돌무더기에 돌멩이 하나를 올려놓았다. 1980년대 말에는 음악가이자 환경운동가인 돈 헨리가 거액을 기부하여 개발의 위협에 직면한 월든 숲을 구하기도 했고, 뒤이어 이 지역을 보존하고 소로를 널리 알리기 위한 월든 숲 프로젝트가 구성되었다. 2003년에는 소로 일가의 집이 325만 달러에 팔렸다. 당시 소로협회의 회원 수는 1,500여 명으로 미국의 작가 한 명을 기념하는 협회 가운데 가장 큰 규모이다. 가장 반체제적이었던 작가가 국가적인 보물로 바뀐 것이다.

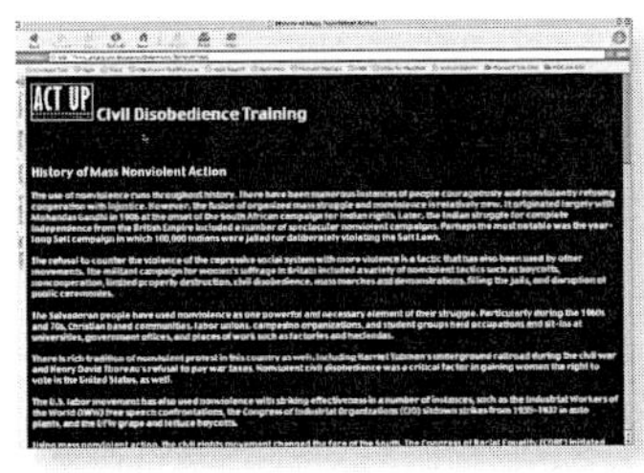

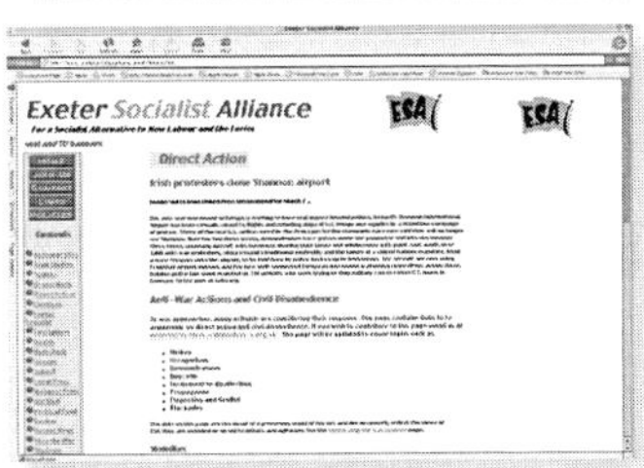

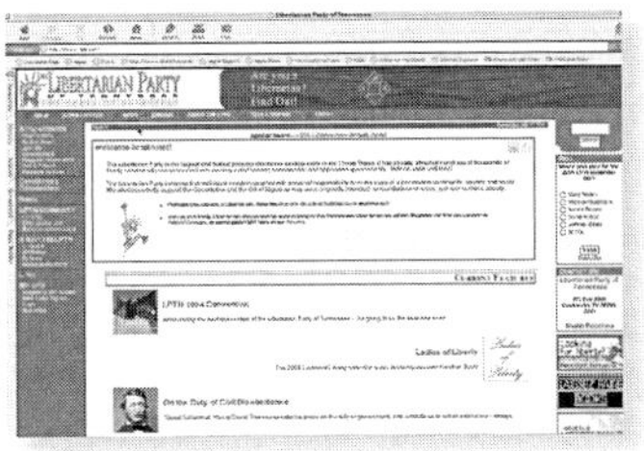

소로가 광범위한 호소력을 발휘했음을 알고 있다면 놀라운 일은 아니지만, 인터넷에서 '시민 불복종'으로 검색을 해보면 갖가지 흥미로운 소로의 친구들을 만날 수 있다.

그다지 놀라운 일은 아니겠지만 인터넷은 아직까지 남아 있는 소로의 정치적 면모를 볼 수 있는 곳이다. 아마 초월주의 사상가 가운데 일부는 자발적인 발언을 담는 매체인 웹사이트에 매력을 느꼈을 것이다. 웹사이트야말로 브론슨 올컷이 일기에서 극찬한 대화와 편지의 오늘날 모습이 아니겠는가.

무릇 사람의 생각과 욕구란 서적상(商)의 호의와 인쇄공의 식자(識字), 독자의 우연한 마주침 같은 더디고 복잡한 단계를 기다리지 않으며, 대화와 편지 같은 재빠른 머큐리(Mercury ; 로마 신화에 등장하는 전령의 신)들에 의해 곧바로 멀리까지 두루 퍼지는 것이다.

물론 인터넷에 올라와 있는 컨텐츠의 대부분은 '인간 속의 신성'이라는 초월주의의 이상과 어울리지 않는다. 하지만 출판업자나 다른 중개자라는 장벽 없이 개인의 경험이 곧바로 전달되는 인터넷의 즉시성이 초월주의자들에게 수사학적 충동을 일으켰을 것이라고 해도 크게 어리석은 발언은 아니리라. 확실히 사람들로 하여금 자신의 생각과 관념을 타인과 공유하게 해주는 수단으로 인터넷은 비길 데 없이 뛰어나다. 이 것은 곧 19세기의 대중강연회가 전 세계 대중을 대상으로 확대된 것이라고도 할 만하다.

소로 자신이 "설령 이웃 사람들의 잠을 깨우는 결과밖에 얻지 못할지언정 …… 아침의 수탉처럼 한번 호기 있게 울어보기"를 원했듯이, 오늘날 인터넷에는 이웃들에게 말을 걸고 또 자신들의 대의에 소로를 참여시키는 데 열심인 사람들의 다양한 목소리를 접할 수 있다. 인터넷에서 볼 수 있는 『시민 불복종』은 대부분 시민의 자유나 인권과 관련된 사이트들에 올라 있으며, 에이즈 퇴치 직접행동 단체인 액트업은 시민 불복종의 간략한 역사에 소로를 포함시키고 있다. 앞에서도 보았듯이

소로 찬양자들은 폭넓은 회중을 이루고 있으며, 따라서 엑서터 지방의
사회주의연맹과 테네시 주 자유지상주의당 모두에서 『시민 불복종』을
호의적으로 거론하는 내용을 발견할 수 있다. 소로의 도발적이고 역설
적인 문체가 전혀 공통점이 없는 온갖 광범위한 당파들에게 계속해서
사상의 자양분을 제공하고 있다는 것이다.

지금까지 콩코드의 문화회관에서 '정부에 대한 개인의 권리와 의
무' 라는 강연이 행해진 이래 각 시대마다 소로가 어떤 반응을 얻었는지
살펴보았다. 이제 오늘날 우리에게 소로는 어떤 의미를 갖는지 알아보
도록 하자.

Aftermath

여파

지금까지 우리는 소로가 주목받지 못하는 괴팍한 은둔자에서 오늘날 미국적 가치를 상징하는 대표적 인물이 되기까지의 과정을 살펴보았다. 소로는 미국 문학사상 이론의 여지가 없는 위대한 작가이며 그의 작품을 읽었건 안 읽었건 모든 사람이 중요하게 생각하는 인물이다. 그렇다면 과연 소로는 오늘날 우리에게 어떤 말을 해줄 수 있을까?

이는 오늘날의 정치적 풍경을 담은 몇 장의 스냅사진에서 유추해볼 수 있을 것이다. 2003년 영국에서는 수천 명의 사람들이 거리로 몰려나와 미국의 이라크 침공을 지원하는 정부에 항의했다. 토니 블레어 총리는 정부가 사담 후세인의 군사적 역량에 대해 국민을 오도했다는 주장을 부정했다. 그는 사법부에 증거를 제출하면서 이러한 주장은 총리실에 대한 비난일 뿐만 아니라 국가 전체에 대한 비난이기도 하다고 언급했다. 루이 14세가 선언한 "짐이 곧 국가이니라"의 21세기 판본이라 하지 않을 수 없다. 이 말을 소로가 들었다면 아마 입꼬리를 치켜세우며 묘한 웃음을 지었으리라.

2002년 프랑스 대통령선거 1차 투표결과 두 명의 후보가 2차 투표에 진출했는데, 거짓말과 부패 혐의로 널리 비난받아온 우익 드골주의 정당의 인기 없는 현직 대통령 자크 시라크와 극우 성향인 국민전선의 장 마리 르펜이 그들이었다. 좌우파를 망라한 후보자들의 난립은 주요 정당들에 대한 유권자의 불만이 반영된 것이었고, 결과적으로 사회당 후보인 리오넬 조스팽의 표를 앗아갔다. 유권자의 3분의 1에 가까운 수가 선거인 명부에 등록조차 하지 않았다. 그리하여 2차 투표에서 좌파와 중도파 유권자들은, 어느 평론가의 말마따나, 악당과 파시스트 가운

2003년 이라크전쟁을 계기로 대다수 시민들은 영국 정부의 명백한 독선을 직시하기 시작했으며 이로 인해 상당한 대중적 소요가 일어났다.

데 하나에 표를 던져야 하는 선택에 직면하게 되었고, 파리 시민 수만 명이 항의시위를 벌이러 거리로 몰려나왔다.

2000년 12월, 미국 역사상 가장 오랜 시간을 끌었던 선거는 연방대법원 판사의 다수가 조지 W. 부시의 손을 들어주는 것으로 마무리되었다. 부시가 선거인단 득표에서 5표 앞서 승리하기는 했지만, 일반 유권자 최종 득표수에서는 경쟁자인 앨 고어가 50만 표를 더 얻었다. 이 수치는 존 F. 케네디와 리처드 닉슨이 1960년과 1968년에 각각 대선에서 승리할 때의 차이보다 더 큰 규모였다. 미국의 신문과 정치평론가들은 국민의 의지가 법원에서 확증되어야 한다는 사실, 선거 전체의 향방을 좌우한 플로리다의 투표 결과가 협박과 부정이 있었다는 주장으로 뒤범벅된 사실, 그리고 민주당 지지자와 공화당 지지자 사이에 너저분

2000년 대통령선거 결과가 확정되자 대통령 당선자 부시와 앨 고어는 둘 다 웃음을 보였다. 하지만 일각에서는 선거를 둘러싼 다툼으로 미국 민주주의의 위신이 깎였다고 생각했다.

한 야유가 오고가면서 세계에서 가장 오랜 전통을 자랑하는 미국 민주주의의 평판이 훼손되었다는 사실에 비탄을 금치 못했다. 그러나 한층 더 당혹스러웠던 것은 전체 유권자 가운데 단 51퍼센트만이 투표에 참여했다는 사실이었다. 선거 정치는 일종의 노름이라고 한 소로의 말이 머릿속에 맴돌지 않을 수 없다.

이탈리아의 정치는 1980년대와 1990년대 대부분 시기 동안 부패 스캔들이라는 마귀에 시달렸고, 독일의 정치인들은 뇌물 수수 혐의로 계속해서 조사를 받았으며, 영국의 보수당은 1997년 선거에서 패배하기 전에 이미 추잡한 패거리와 동의어가 되어 있었다. 유럽의 많은 나라에서 선거에 대한 무관심이 화두로 떠올랐고, 정치 분석가들은 선거에 출마하는 무소속 후보가 나날이 증가하는 현상을 주류 정치에 대한 불신의 징표라고 말했다. 21세기의 현대 민주주의는 자기확신의 위기에 직면해 있는 것처럼 보였다. 그렇다면 1960년대의 위기 상황에서 많은 사람들이 소로의 사상을 내세웠던 것처럼 오늘날의 위기를 극복하는 데도 그의 사상이 효과가 있을까?

저항할 권리

가장 당파적인 소로 신봉자일지라도 소로가 정치인으로서는 소질이 없었다는 점을 인정해야 할 것이다. 물론 정치를 인간 노력의 저급한 형태이자 어쩔 수 없이 해야 할 유감스러운 일로 보았던 소로에게 이는 칭찬으로 들릴 테지만 말이다. 소로는 미국 민주주의를 군주정이나 전제정보다는 훌륭한 정치 형태라고 생각했지만, 그 자체가 목적이 아닌 하나의 수단에 불과한 것이라고 생각했다. 소로는 정당이나 개혁 조직에 참여한 적이 한번도 없는데, 19세기 사회주의자들과 20세기 맑스주의자들이 그를 외면한 것은 이 때문이다. 소로는 기질적으로나 철학적으로나 집단적인 행동을 극도로 혐오했다. 이런 점에서 보면 개인의 잠재성을 강조하면서 다른 세계에 사는 것처럼 사회로부터 초연할 것을 주장한 에머슨이나 올컷 같은 다른 초월주의자들과 소로도 같은 부류였다고 할 수 있다. 물론 소로가 도망노예를 국경 너머 캐나다로 탈출하게 도와준 지하철도에 힘을 보탰다는 점에서 그가 에머슨보다는 기꺼이 진흙탕에 손을 담갔다고 볼 수 있다. 또한 소로가 적어도 한 명 이상의 노예를 도망가게 도와준 것도 사실이다. 그러나 소로가 열성 당원이었다고 말하는 것은 옳지 않다.

그러나 소로는 무정부주의자도 아니었다. 『시민 불복종』은 "가장

1849년 이래 『시민 불복종』은 많은 사람들에게 많은 것을 생각하게 해주었다. 그리고 소로의 텍스트에는 21세기에도 여전히 소중한 몇 가지 근본적인 원칙이 담겨 있다.

좋은 정부는 전혀 다스리지 않는 정부이다"라는 깊은 울림을 주는 주장으로 시작되지만, 이 주장은 사람들이 준비가 되기만 하면 이러한 정부를 갖게 될 것이라는 언명에 의해 제한된다. 글의 나머지 부분을 살펴보면 소로는 언젠가 사람들이 이러한 정부를 맞이할 준비가 될 것이라고 믿지 않았음이 틀림없다. 소로는 '정부가 없는 상태' 가 아니라 더 나은 정부를 원하며, 그것도 먼 미래가 아니라 당장 실현되기를 원한다. 소로는 국가에 시비를 걸려고 하지 않는다. 소로는 "어떤 악, 심지어 가장 극심한 악일지라도 악을 뿌리뽑는 데 자신을 바치는 것이 한 사람의 당연한 의무"라고 보지 않는다. 다만 생각 없이 순응하거나 무관심해서, 혹은 타성에 젖어 악행을 뒷받침하는 일을 하지 않는 것은 의무라고 본다. 소로는 시민의 저항이 갖는 한계, 시민과 국가 관계의 우연적 성격을 인정한다. 실제로 소로는 개인과 사회가 때로는 타협해야 한다고 인정하지만, 정부가 부도덕한 행동을 하여 충성받을 자격을 상실할 경우에 시민은 그 정부에 저항할 권리를 갖는다고 주장한다.

소로가 제퍼슨이나 로크와 비슷한 방식으로 하나의 정치이론을 발전시켰다 할지라도 그것을 현재의 정치 환경에 그대로 대입하기는 쉽지 않다. 아마 소로로서는 오늘날의 국가가 갖는 막대한 권력, 세력 범위, 영향력을 상상하지 못했을 것이며 현대적인 통신과 매스미디어의 규모도 예측하지 못했을 것이다. 소로가 정치제도에 관해 말했던 어떤 내용도 오늘날의 현실에서는 그 가치가 제한될 수밖에 없다. 그러나 앞에서도 보았듯이, 소로는 정치 메커니즘 자체에는 그다지 관심을 기울이지 않았다. 소로의 주된 관심사는 사람이 어떻게 살아야 하는가를 규명하는 도덕의 문제였고, 그의 사상을 오늘날에 적용할 때 염두에 두어야 하는 것도 바로 이러한 맥락이다.

당신의 표를 모조리 던져라

앞에서 훑어본 정치권의 스냅사진들은 분명 현대 서구 민주주의를 완전히 개괄해 보여주지는 못한다. 그러나 이 풍경들은 보통 시민들의 정치적 견해에 대한 논평에서 결코 사라지지 않는 한 가지 특징, 즉 소외라는 특징을 모두 공유하고 있다. 전문적인 정치가 점점 더 조직화되고 중앙집중화되고 파벌화될수록, 그 정치가 섬기는 대상인 시민들의 참여는 점점 줄어든다. 서구 정당의 당원 수는 하락하는 추세이다. 정당의 자금은 점점 더 기업 후원자들의 주머니에서 나오니 이 후원자들이 자신의 투자에 대한 수익을 원하는 것은 더 이상 이상한 일이 아니다. 정치적 메시지는 텔레비전을 통해 전달되며 여기에는 언제나 홍보용 인터뷰가 빠지지 않는다. 4년마다 한 번씩 표를 던질 기회를 제외하고는(심지어 유권자들은 이런 식의 참여도 점점 기피하고 있다), 시민들은 자신이 무기력하다고 느끼며 어느 정도는 실제로 무기력하다.

　이러한 무력감은 정치적 사안에 대한 수동적 태도와 무관심으로 나타난다. 시민들은 신문을 읽거나 텔레비전을 보면서 요즘 벌어지는 일에 어깨를 한 번 으쓱하고는 고개를 돌려버리는 것이다. 소로는 이러한 무저항주의를 통렬히 비난한다.

허다한 사람들이 노예제와 전쟁에 반대하는 소신을 갖고 있으면서 실제로 노예제와 전쟁을 종식시키기 위해서는 아무 일도 하지 않는다. 워싱턴과 프랭클린의 자손임을 자처하면서 두 손을 주머니에 푹 찔러 넣고 앉아서, 어떤 일을 해야 할지 모르겠다며 아무것도 하지 않는 것이다. 심지어는 자유의 문제를 자유무역의 문제 뒷전으로 밀어버린 채, 저녁을 먹고 나서 조용히 물가시세표와 최근 멕시코전쟁 소식을 나란히 읽다가는 필시 거기에 머리를 처박고 잠에 빠지는 것이다.

또한 시민들의 무력감은 자기 일에만 집중하고, 자기의 이해관계만을 돌보며, 다른 사람의 일은 자기 일과 아무 관계도 없다고 생각하는 것으로 나타나기도 한다. 사회를 등지고 은둔한 개인주의자 소로는 이러한 태도 역시 멸시했다.

사실대로 말하자면, 매사추세츠 주의 개혁에 반대하는 사람들은 남부의 10만 정치인이 아니라 바로 이곳의 10만 상인과 농부들이다. 이들은 인간애보다는 상업과 농사에만 관심을 가질 뿐, 그 대가가 어떻든 간에 노예들과 멕시코전쟁에 대해 정의를 실천할 마음가짐이 없다.

무력감에 대한 또다른 반응은 어떤 종류이든 직접행동을 벌이는 것인데, 소로는 좋은 본보기가 된다. 소로가 한 강연의 주된 취지는 사람은 먼저 스스로 생각해야 하고 그리고 나서 스스로 행동해야 한다는 것이다. 행동의 형식은 원칙에 비하면 중요하지 않다. 당시 북부에 살던 소로의 이웃들은 노예제와 멕시코전쟁에 대한 반대 의사를 온전하게 보

정당 정치행사의 속이 뻔히 들여다보이는 무대연출, 상대방을 헐뜯는 것으로 정책 제시를 대신하는 기회주의적 반대주의 정치, 기업의 후원문화 등은 모두 보통 시민들을 정치에서 소외시키는 데 일정한 역할을 했다.

여주지 못하며 투표를 제외하고는 이에 대해 아무것도 하지 않는다.

오늘날 정직한 사람과 애국자의 시세는 얼마인가? 사람들은 망설이고, 유감스럽게 생각하고, 때로는 탄원서를 내기도 하지만, 실제로 효과를 거둘 수 있는 일은 하나도 하지 않는다. 남들이 악을 치유하여 자기들이 더 이상 그 문제를 유감스럽게 여기지 않을 수 있을 때까지 호의적인 자세로 기다리는 것이다. 이 사람들은 기껏해야 값싼 표 하나를 던져주고, 정의가 자기들 옆을 지나갈 때 희미한 지지를 보내며 성공을 기원할 뿐이다.

소로가 보기에 이러한 태도야말로 훗날 사르트르가 '나쁜 신념'이라고 이름 붙인 것이다. 자기 자신이 책임져야 할 일을 외부의 체제로

1999년 시애틀의 세계무역기구 각료회의에서 벌어진 시위는 사람들에게 정치적 메시지를 전달하기 위해 민주적 과정을 건너뛰는 직접행동을 보여주었다.

전가시키는 것 말이다. 소로는 독자들에게 "당신의 표를 모조리 던져라. 종이쪽지 한 장이 아니라 당신의 영향력 전부를 던져라"라고 촉구한다.

소로는 원칙에 따른 행동으로 정치적 개혁을 이룰 수 있다는 것을 충분히 이해했지만 정치보다는 오히려 도덕과 윤리에 더 관심을 기울였다. 이러한 철학에 대해 아마 많은 이의제기가 있을 것이다. 무엇보다 먼저 떠오르는 것은 도덕과 정치가 위험하게 결합된다는 점이다. 지난 역사를 살펴보면 도덕적 확신에 이끌려 다른 사람의 생활방식을 자기 마음대로 명령하는 법률을 제정한 정치인의 사례가 흔히 보인다.

사실 미국 헌법은 견제와 균형의 제도와 더불어 피지배자나 지배자의 도덕성이 국가의 안정과 아무 관계가 없도록 정치로부터 도덕을 배제하기 위해 만들어진 것이다. 물론 이 구상은 노예제 문제로 인해 그

출발점에서부터 손상되었다. 사람과 재산을 동일시하는 것은 헌법이 해답을 내놓을 수 없는 윤리적인 문제였기 때문이다. 그럼에도 건국의 아버지들이 쓴 문서들은 시민의 권리는 다른 시민들이 그를 선량한 시민으로 생각하는지 여부와 무관한 것임을 분명하게 밝혀놓았다. 도덕주의자들은 대체로 정치인으로서는 서투를 수밖에 없다. 무릇 민주주의 정치란 개인적인 신념뿐만 아니라 실용주의와 타협, 다른 여러 신념까지 두루 수용하는 태도를 필요로 하기 때문이다. 선악은 정치에서 유효한 범주가 아닌 것이다.

소로의 강연은 직업 정치인을 대상으로 한 것이 아니었다. 소로는 민주적인 정치과정, 즉 국가와 행정부, 입법부, 사법부 등이 존재한다는 점과 과거에 그랬던 것처럼 미래에도 이러한 제도들이 계속해서 똑같은 방식으로 운영될 것이라는 점을 당연하게 여겼다. 소로는 시민들을 대상으로 강연을 하면서 정의의 편에서 목소리를 높이는 예언자적이고 반체제적인 소수가 더욱더 많아져야 한다고 격려했다.

많은 사람이 당신처럼 선하게 되는 것보다는 몇 사람이라도 절대적으로 선한 사람이 어딘가에 있는 게 더 중요하다. 그런 사람들이 전체를 발효시킬 효모가 되기 때문이다.

이러한 '현명한 소수'에 대해 국가와 정치제도가 어떤 태도를 보여야 하는가에 관해 소로는 말하지 않았다. 소로의 주된 관심사는 누군가는 '이것이 옳다' 또는 '이것은 그르다'라고 말해야만 한다는 것이었다.

소로의 철학에 대한 두번째 이의제기는 만약 사람들이 자기 양심

미국 건국의 아버지들은 모든 시민의 배제가 아닌 모든 시민의 참여라는 전제 위에 정치제도를 세웠지만, 오늘날의 정치는 일정한 유형의 견해를 배제하는 것에 의존한다.

에 거슬릴 때마다 법률에 복종하지 않는다면 법의 지배 자체가 불가능해진다는 것이다. 많은 사람들이 양심의 문제로 법을 어기던 1968년 유진 로스토가 소로에 대해 제기한 문제의 핵심 역시 바로 이것이다.

이러한 문제에 대해서는 소로의 글에서 많은 답을 찾을 수 있다. 앞에서도 보았듯이 소로는 심각한 문제의 경우에만 법률 위반을 옹호한다. 대부분의 경우 소로는 정부라는 기계가 잘 돌아가도록 기꺼이 내버려둔다. 소로가 제시하는 또 다른 안전장치는 많은 사람들이 터무니없다고 생각하는 이유로 저항이 일어나는 경우, 국가는 큰 어려움 없이 소수의 저항자들을 다룰 수 있다는 것이다. 만약 저항의 이유가 폭넓은 지지를 받아서 많은 사람들이 정부에 복종하지 않는다면, 민주적인 정부로서는 그 문제를 다시 생각해 볼 수밖에 없다.

정의로운 사람을 모두 감옥에 가두든지, 아니면 전쟁과 노예제를 포기하든지 양자택일을 해야 한다면, 정부는 한치의 주저함도 없이 후자를 택할 것이다.

1960년대와 마찬가지로 1850년대에도 미국사회를 심각하게 분열시키는 문제들이 있었고, 결코 무시해서는 안 될 소수의 정당한 요구가 제대로 다뤄지지 않고 있다는 강력한 여론이 있었다. 이러한 경우에 널리 확산된 시민 불복종은 무정부 상태로 이르는 길이 아니라 오히려 정의를 회복하는 길이라고, 또한 통치자들에게 그들의 권력은 피치자들의 동의로부터 나온다는 사실을 상기시키는 조언과도 같다고 소로는 말하고 있다. 반대의 목소리는 국가의 집단적인 양심인 것이다.

9·11과 시민 불복종

그렇다면 소로가 주장한 시민 저항의 원리는 앞서 살펴본 현대 민주주의의 스냅사진들과 어떤 관련이 있을까? 두 가지를 꼽을 수 있다. 첫째는 소로가 청중들에게 공적 사무에 대한 직접적인 참여, 즉 '행복의 추구'를 독려하려고 애쓴다는 점이다. 이러한 참여는 시민의 의무일 뿐만 아니라 개인적 성실성의 문제이기도 하다. 정치적 무력감을 치료하는 방법은 민주주의에서 모든 시민이 향유하는 권리를 사용하고 자신의 견해를 공표하는 것이다. 정치 대표자들이 모두 전자우편 주소를 갖고 있고 온라인 신문과 갖가지 운동단체 웹사이트가 존재하는 오늘날, 논쟁에 참여하기란 결코 어려운 일이 아니다. 요즘은 논쟁을 벌인다고 감옥에 갈 필요도 없지 않은가.

대다수 미국 시민이 경건하게 여기는 헌법과 권리장전의 조항들은 미국 역사를 통틀어 지배적인 정치적 필요에 따라 다양하게 해석돼 왔다.

냉소적인 사람들은 필시 이러한 주장은 순진한 억지에 지나지 않는다고 항의하면서 미디어가 주도하는 현대 민주주의에서 기업의 이해관계와 정당의 정략적 정치에 직면한 개인은 무력할 수밖에 없다고 이야기할 것이다. 이러한 반대 주장은 무릇 민주적인 정부는 피치자의 동의에 의해 통치한다는 점을 상기해야만 한다는 두 번째 논점으로 이어진다.

국가가 자신의 권력과 권위의 원천으로서 개인을 더욱 고귀하고 독립된 힘으로 인정하고 그에 걸맞게 대접하지 않는 한, 진정으로 자유롭고 계몽된 국가는 없을 것이다.

사람들이 손을 놓아버린 채 정치는 자신들과 아무 상관이 없다거나 자신들은 정치에 대해 아무 일도 할 수 없다고 말한다면, 우리가 독립 선언서를 통해 발견한 민주주의에 대한 이해는 무효화되어 버린다. 9·11 이후 이는 놓치지 않고 부여잡아야만 하는 중요한 원칙이 되었다. 위협에 처한 국가는 늘 갑판 승강구를 모두 밀폐하고 단일화된 전선을 이루려는 유혹을 받기 때문이다. 미국의 자유를 보호하기 위한 '테러와의 전쟁' 초기에 애국자법*과 본토안보법**이 제출되었다. 많은 미국 시민들은 이 법안들이 두 번의 세계대전 당시 개인의 자유를 제약했던 수준 이상으로 미국인들의 자유를 부당하게 제한하고 있다고 보았다.

미국에서 시민의 자유가 합법적으로 완전히 보호받게 된 것은

1960년대에 이르러서이고, 그 이후 국가적 위기의 순간마다 애국이라는 이름 아래 걸핏하면 국민의 자유가 제한되곤 했다. 2002년 10월 워싱턴에 있는 미국시민자유연합 집행위원장은 "매카시 시대 이래 시민의 자유가 가장 큰 위협에 직면해 있다"고 말하기도 했다. 이와는 대조적으로 미국대학 이사·동창협의회는 「문명을 보호하자: 대학은 미국을 어떻게 망가뜨리고 있는가, 우리는 무엇을 해야 하는가」라는 보고서를 발간하여, 부시 대통령의 대(對) 테러

미국 법무장관 존 애시크로프트는 9·11 이후 테러의 위협으로부터 미국을 보호한다는 명분 아래 행정적 권한을 이용하여 미국 시민의 기본권을 침해했다고 널리 비난받았다.

정책을 반대하는 학생과 교수 들을 싸잡아 비난했다. 정부 정책에 대한 어떤 이의제기도 사실상 미국에 반대하는 반역죄와 동일시되었다. 역설적으로 들릴지 모르지만, 서구 민주주의 국가가 외부 세력으로부터 위협받고 있다고 느끼는 지금과 같은 시기야말로, 소로처럼 정부에 반대하는 소수의 양심에 귀기울여야 한다. 국가를 방어하는 사람들에게 그

---

* 애국자법(Patriot Act)은 미국 본토를 겨냥한 테러 및 범죄에 관한 수사의 편의를 위해 시민의 자유와 권리를 제약할 수 있도록 규정한 법률이다. 9·11 직후인 2001년 10월 26일 제정되었다.
** 본토안보법(Homeland Security Act)은 미국 본토에 대한 유·무형의 테러를 방어하기 위한 법률로 인터넷에 대한 경찰 감시, 컴퓨터 해커에 최고 종신형 선고 가능, 국가안보 연구에 연 5억 달러 지출 등의 조항을 포함하고 있다.

소로는 콩코드 주변의 숲에서 멀리 벗어난 적이 한 번도 없지만, 아름다운 문장의 힘 덕분에 그의 언어는 시대를 가로질러 세계 곳곳의 독자들에게 영감을 불어넣었다.

들이 방어하려고 하는 국가라는 게 무엇인지를 상기시켜 주어야 하는 것이다.

극소수의 사람들만이 참다운 의미의 영웅, 애국자, 순교자, 개혁가로서 그리고 인간으로서 그들의 양심을 가지고 국가에 이바지한다. 하지만 이들은 대부분 필연적으로 국가에 저항하게 되고 따라서 보통 국가로부터 적으로 취급받는다.

개인은 무력한 존재라고 말하는 냉소적인 사람들에게 할 수 있는 마지막 대답은 소로 자신의 이야기이다. 원래 『시민 불복종』은 동시대 사람들에게 심술궂은 성격을 주체하지 못하고 감옥에 갔다온 기인(奇人)이라는 평을 듣던 한 사람이 매사추세츠 주의 어느 마을회관에서 한 강연에서 출발한 것이다. 그런데 결국에는 미국의 에세이 가운데 가장 많은 판을 거듭하면서 가장 널리 읽히는 글이 되었고, 그 지은이는 자유와 정의라는 미국적 가치를 상징하는 전형적인 인물이 되었다.

정부는 한 인간의 지성이나 도덕이 아니라 오로지 그의 육체, 그의 감각만을 상대하려고 한다. 정부는 우월한 지능이나 정직이 아니라 우월한 물리적 힘으로 무장하고 있다. 나는 누군가에게 강요받으려고 태어난 게 아니다. 나는 내 방식대로 숨쉴 것이다. 누가 강한지는 두고 보도록 하자.

Comment on the Text

해제 _ 오늘날의 『시민 불복종』

오늘날의 『시민 불복종』

홍세화*

시간이 흘러도 세계는 근본적인 변화를 가져오지 않았다. 그래서 소로의 『시민 불복종』은 150년 넘게 지난 오늘날에도 빛난다. 아니, 오늘날 더욱 빛난다. 시간과 함께 더욱 교활해진 것은 정부이고, 새로운 사회를 향한 긴장을 상실한 것은 시민들이다. 소로의 『시민 불복종』은 성난 얼굴로 되돌아와 우리의 잠든 영혼을 흔들어 깨운다.

    21세기를 맞은 오늘날 정부는 교활해진 만큼 더욱 강력한 물리력과 홍보력으로 무장하고 있으며, 시민들은 대중매체의 은총을 흠뻑 입고 물신(物神)에 몸을 느긋하게 맡기면서 적당히 타락하고 있다. 그 위에 모든 사회구성원들에 대한 장기간의 교육과정을 관리하게 된 정부는 이를 사회구성원들의 의식을 통제하는 데 활용함으로써, 몽테뉴의 친구인 에티엔느 라 보에티가 일찍이 지적한 바 있는 '자발적 복종'을 아주 쉽게 획득하고 있다. 왕정이 유지되는 것은 무엇보다 신민들의 '자발적 복종'에 있다는 16세기 혜안에 19세기의 소로는 '시민 불복종'으로 응

---

* 홍세화는 1995년 한 편의 사회사적 증언이었던 『나는 빠리의 택시운전사』를 들고 우리 곁으로 찾아왔다. 남민전 사건으로 20년 동안 정치적 망명객으로 파리에서 살았으며, 2002년 망명생활에 마침표를 찍고 귀국했다. 현재 한겨레신문사 기획위원으로 있으면서 한국사회를 향해 "왜?"라는 성찰적 질문을 던지고 있다. 지은 책으로 『쎄느강은 좌우를 나누고 한강은 남북을 가른다』, 『악역을 맡은 자의 슬픔』, 『빨간 신호등』 등이 있다.

수한 것인데, 21세기에 시민들은 정부와 자본이 주입하는 의식화에 의해 스스로 소외의 길을 가고 있다. 그리고 그 소외의 길엔 '자발적 복종'과 '비자발적 복종'이 어우러져 있다.

소로가 단언했듯이, "돈이 많을수록 덕은 줄어든다. 돈이란 것이 사람과 그가 바라는 대상 사이에 끼여들어 그를 위해 그것을 손에 넣기 때문이다". 그래서 물신이 지배하는 사회에서 정의와 선이라는 덕목은 점차 오늘날 캠페인에 등장하는 '나눔'처럼 소시민의 교양을 장식해주는 장식물이 될 운명에 처하고, 자본주의적 심성으로 순화된 국민은 정부와 자본 앞에 자발적으로 복종하는 '신민'이 된다. 예언자들은 시인과 함께 사라지고 정치적 동물이기를 스스로 포기한 경제동물들은 이제 무관심과 무지의 늪에서 배부른 돼지를 지향한다.

그렇다면 『시민 불복종』은 오늘 어떤 의미를 갖는가? 무엇보다 '시민 불복종'은 사회에 긴장을 주면서 참된 변화를 추동하는 것이지만, 그러기엔 눈앞의 현실에는 커다란 벽이 존재한다. 우선 시민의식을 가진 시민이 사라지고 있다. '시민 불복종'은 시민의식을 전제하며, 그 출발점은 '우리가 바라는 사회를 누군가 대신 마련해주지 않는다는 인식', '따라서 우리 자신이 만들어가는 것이라는 인식'에 있는데, 오늘날 사람들은 정부와 자본이 '제공한' 사회 현실에 불평을 늘어놓는 것으로 스스로 시민인 양 믿고 있을 뿐이다.

그럼에도 소로의 『시민 불복종』이 오늘 더욱 절실히 느껴지는 것은 '시민 불복종'이 불가능해졌기 때문이 아니라 무의미해지고 있기 때문이 아닐까. 역설적이게도 바로 그 때문에 소로의 『시민 불복종』은 오늘 더욱 빛나야 한다. 냉소와 절망 속에서 '나홀로 자유'와 '개인적 구원'

을 유일한 통로로 여겨선 안 되기 때문이다. 소로는 후대 사람들이 『시민 불복종』보다 그 자신이 스스로 걸어 나온 『월든』을 더 주시하게 될 줄 알고 있었을지 모른다. 물론 언젠가는 모두 '월든'에 귀의해야겠지만 모든 사람이 그러기엔 아직 너무 이르다.

소로가 오늘 눈을 뜬다면 이라크 전쟁을 일으킨 그의 조국과 패권적 일방주의에 의해 노예상태에 빠진 세계를 바라보며 어떤 반응을 보일까. 그는 150여 년 뒤 사람들의 일상적 모습을 섬뜩할 정도로 정확히 그리고 있다. "심지어는 자유의 문제를 자유무역의 문제 뒷전으로 밀어버린 채, 저녁을 먹고 나서 조용히 물가 시세표와 최근 멕시코 전쟁 소식을 나란히 읽고나서 필시 거기에 머리를 처박고 잠에 빠지는 것이다." 여기서 '물가 시세표'를 '주식 시세표'로, '멕시코 전쟁'을 '이라크 전쟁'으로, 그리고 읽는 것을 텔레비전 보는 것으로 바꾸면 150여 년의 세월은 정확히 메워진다.

보잘것없는 정부와 타락한 '신민'들의 사회에서 정의와 선의 고결함은 거추장스러울 뿐이고 그 단호함은 '반사회적'이라고 간단히 낙인찍힌다. 가령 모든 사람이 전쟁에 반대한다고 말하지만 모든 정부가 국방부라는 이름의 전쟁부를 두고 있다. 정부는 전쟁부를 국방부로 바꾼 만큼 노회해진 것인데, 그 앞에서 개인이 평화를 '온 몸'으로 사랑하다가는 자신의 육체가 감옥에 갇히는 것을 봐야 한다. 소로는 이렇게 말했다. "당신의 표를 모조리 던져라. 종이쪽지 한 장이 아니라 당신의 영향력 전부를 던져라. 다수의 뜻에 고분고분 따르는 한 소수는 무력하다. 아니, 소수라는 이름조차 과분하다. 그러나 소수가 온 힘을 다해 가로막으면 그 힘은 불가항력이 된다. 정의로운 사람을 모두 감옥이 가두든지 아니면 전쟁과 노예제를 포기하든지 양자택일을 해야 한다면, 정부는 한 치의 주저함도 없이 후자를 택할 것이다."

그러나 21세기에는 당신이 아무리 영향력 전부를 던져도 세상은 꿈쩍도 하지 않는다. 세상은 별처럼 많은 인간 영혼의 깊은 트라우마에 익숙해져 있고 오직 탐욕만이 선망을 불러일으키고 있다. 인두세 납부를 거부하여 감옥에 갇히는 '자유'와 '명예'를 얻은 소로는 19세기에 태어난 것을 다행스럽게 생각해야 할지 모른다.

단 한 명이라도 부당하게 감옥에 가두는 정부 밑에서, 정의로운 사람이 있을 곳은 역시 감옥뿐이다. …… 격리되어 있으나 더욱 자유롭고 명예스러운 곳, 매사추세츠 주가 자기에 동조하지 않고 반대하는 사람들을 가두는 곳, 노예의 나라에서 자유로운 인간이 명예롭게 거주할 수 있는 유일한 집 역시 감옥이다. 감옥에 갇히면 영향력을 잃게 되고, 힘찬 목소리로 주 정부의 귀를 괴롭히지 못하며, 감옥의 담장 안에서는 정부의 적이 되지 못할 것이라고 생각하는 사람이 있다면, 이런 사람들은 진리가 오류보다 얼마나 더 강한가를 모르는 것이요, 조금이라도 불의를 직접 겪어본 사람이 불의에 맞설 때 얼마나 설득력 있게 효과적으로 싸울 수 있는가를 모르는 것이다.

19세기 소로에게 감옥은 자유인의 거처이고 '명예'일 수 있었다. 그러나 오늘날의 사람들에게 그것은 기껏 '불이익'으로 비쳐진다. 이유는 간단하다. 오늘날 인간 영혼은 감옥 바깥에서도 자유롭지 못하기 때문이다. 따라서 "어떤 사람이든지 자기 이웃보다 더 정의로운 사람이라면 그는 이미 '하나로서 다수'를 이루고 있는 것"이라는 소로의 말은 약한 자의 강변이거나 자기 위안으로 들린다. 그렇다면 소로는 오늘 흔들렸을까? 그렇지 않을 것이다. 그럴수록 자신의 자유 속에서 평온했을 것이다. "정부는 한 인간의 지성이나 도덕이 아니라 오로지 그의 육체, 그의 감각만을 상대하려고 한다. 정부는 우월한 지능이나 정직이 아니라 우월한 물리적 힘으로 무장하고 있다. 나는 누군가에게 강요받으려고 태어난 게 아니다. 나는 내 방식대로 숨쉴 것이다. 누가 강한지는 두고 보도록 하자."

소로도 잘 알고 있었듯이, 정부는 고결한 시민의 자발적 동의를 얻지 못한다. 그리고 얻으려고도 하지 않는다. 따라서 소로가 "국가가 자신의 권력과 권위의 원천으로서 개인을 더욱 고귀하고 독립된 힘으로 인정하고 그에 걸맞게 대접하지 않는 한 진정으로 자유롭고 계몽된 국가는 없을 것"이라고 말할 때, 그것은 분명 이상주의자의 독백이다. 그러나 '나 홀로' 자유에 머물지 않고 더불어 사는 사회에 대한 이상이 없다면, 그런 사회는 살 만한 사회가 아니다.

내가 이 땅의 청년들에게 이 책을 읽기를 권유하는 이유는 간단하다. 인간 영혼의 목소리를 듣기를 바라기 때문이다. '시민 불복종'은 소로가 말한 '효모'다. 이 책을 읽고 그대의 영혼이 흔들리지 않는다면 분발하라. 그대의 자유의지와 상관없는, 강요된 의식화에 의해 억압된 그대의 정서를 해방시켜야 한다. 만약 그대 영혼이 움직인다면 그 영혼이 손짓하는 데로 몸을 움직이라. 그대의 삶은 절대로 썰렁한 것이 아니다.

Appendix

부록

시민 불복종에 대해 더 알고 싶다면

더 읽을 만한 책

헨리 데이비드 소로, 강승영 옮김, 『시민의 불복종』, 이레, 1999.
「시민 불복종」 전문을 읽을 수 있으며 그 외 「한 소나무의 죽음」, 「야생사과」 등의 에세이를 통해 소로의 자연주의 사상을 함께 읽을 수 있다.

헨리 데이비드 소로, 윤규상 옮김, 『소로의 일기』, 도솔, 2003.
소로가 24년간 쓴 일기 가운데 일부를 모아놓은 것으로 소로의 일상을 엿볼 수 있고, 주변 사물에 대한 소로의 사유를 살펴볼 수 있다.

헨리 데이비드 소로, 강승영 옮김, 『월든』, 이레, 2004.
19세기 미국 문학의 걸작으로 꼽히며 소로에게 첫번째 명성을 안겨준 작품이다. 철저하게 자유롭고 자립적인 삶을 살고자했던 소로의 초월주의 사상이 곳곳에 묻어난다.

제프리 에쉬, 안규남 옮김, 『간디 평전』, 실천문학사, 2004.
소로의 시민 불복종 사상에서 큰 감명을 받아 비폭력 사상을 주창한 간디의 삶과 사상을 다룬 책이다.

케네스 데이비스, 이순호 옮김, 『미국에 대해 알아야 할 모든것 미국사』, 책과함께, 2004.
콜럼버스의 발견부터 2001년 9·11테러까지의 미국사를 개괄적으로 설명하고 있다.

에리히 프롬, 문국주 옮김, 『불복종에 관하여』, 범우사, 1996.
불복종에 관련된 에리히 프롬의 논문 17편이 실려 있다. 현대 사회에서 불복종의 필요성과 본질, 자유와의 관계를 다룬다.

하워드 진, 이재원 옮김, 『불복종의 이유』, 이후, 2003.
9·11 직후부터 미국의 아프가니스탄 침공이 한창이던 2002년 1월 사이에 하워드 진이 행한 대담을 모은 책. 필요할 경우 국민은 시민 불복종, 파업, 보이콧 등에 참여할 수 있음을 주장한다.

오현철, 『시민불복종―저항과 자유의 길』, 책세상, 2001.
낙천낙선 운동의 이론적 배경이 되는 시민 불복종의 개념을 체계적으로 정리하고 한국에서 시민 불복종이 필요한 이유를 설명한다.

이남석, 『양심에 따른 병역거부와 시민불복종』, 그린비, 2004.
양심에 따른 병역거부와 시민불복종의 관계를 현재 우리 사회에서 진행되고 있는 병역거부 논쟁을 통해 고찰한다.

랠프 왈도 에머슨, 신문수 옮김, 『자연』, 문학과지성사, 1998.
소로의 친구이자 스승으로서, 소로의 사상에 커다란 영향을 미쳤던 랠프 에머슨의 대표적 에세이 「자연」을 비롯해서 「미국의 학자」, 「경험」, 「초령」 등의 글이 실려 있다.

Buell, Lawrence, *Literary Transcendentalism : Style and Vision in the American Renaissance*, Ithaca : Cornell University Press, 1974.
초월주의 문학에 관한 한 고전으로 꼽히는 책이다.

Harding, Walter, *The Days of Henry Thoreau*, New York:Knopf, 1965.
소로협회 창립자이자 서기로서 소로에 관한 한 저명한 권위자인 지은이가 소로의 생애를 꼼꼼하게 서술한 호소력 있는 책이다.

Hicks, John(ed.), *Thoreau in Our Season*, Amherst : University of Massachusetts Press, 1966.
소로가 큰 명성을 누린 1960년대의 여러 견해들을 매혹적으로 개관하고 있다.

Glick, Wendell(ed.), *The Recognition of Henry David Thoreau*, Ann Arbor : University of Michigan Press, 1969.
소로가 썼던 책에 대한 서평을 비롯하여 여러 가지 평론이 수록되어 있으며, 소로가 20세기에 명성을 얻는 데 중요한 역할을 했던 글들도 실려 있다.

Howe, Daniel Walker, *Henry David Thoreau on the Duty of Civil Disobedience*, Oxford:Clarenden Press, 1990
옥스퍼드대학 미국사 교수인 지은이가 소로의 강연과 배경을 꼼꼼하게 분석한 강의록으로 본서에 담긴 몇몇 주장의 토대가 되기도 한다.

Meyer, Michael(ed.), *Several More Lives to Live: Thoreau's Political Reputation in America*, Westport:Greenwood Press, 1977.
20세기 소로의 정치적 입장에 대한 다양한 평가와 그 변천사를 꼼꼼히 설명하고 있다. 소로의 실제 정치적 입장에 관한 분석이라기보다는 사람들이 소로에 관해 이야기했던 바의 역사를 추적한 내용이다. 본서에서도 소로가 미국에서 받은 평가에 관한 부분들은 이 책을 많이 참조했다.

Myerson, Joel(ed.), *The Cambridge Companion to Henry David Thoreau*, New York: Cambridge University Press, 1999.
미국의 여러 학자들이 소로의 작품에서 나타나는 모든 측면을 다루었다.

Scharnhorst, Gary, *Henry David Thoreau: A Case Study in Canonization*, Columbia: Camden House, 1993.
소로가 세계 문학사의 우상이 된 100여 년의 과정을 고찰하는 책이다.

Smith, Harmon, *My Friend, My Friend: The Story of Thoreau's Relationship with Emerson*, Amherst:University of Massachusetts Press, 1999.
소로의 생애 가운데 에머슨과의 교우관계에 초점을 맞추어 서술한다.

Rice, Duncan C., *The Rise and Fall of Black Slavery*, New York : Harper & Row, 1975.
미국 흑인 노예제와 노예제 폐지운동의 역사를 다룬 책이다.

가볼 만한 사이트

www. americanhistory.or.kr 한국미국사학회
미국의 역사, 정부 구성, 독립 선언서와 권리장전을 비롯한 각종 자료를 통해 『시민불복종』이 탄생한 미국의 역사적 토대를 공부할 수 있다.

www. cheonsung. com 천성산

천성산 개발 문제를 둘러싸고 벌어진 도롱뇽 소송과 지율스님의 단식 일기, 천
성산 개발을 반대하는 시민들의 호소문이 올라와 있다.

www. peoplepower21.org 인터넷 참여연대

인권 및 시민의 권리를 지키는 것을 목적으로 마련된 대표적인 시민 운동 홈페
이지이다. 사법 및 의정 감시 활동, 소액주주 운동 등의 활동을 접할 수 있다.

www. redcard2004. net 총선시민연대

시민 불복종 운동으로서 낙천낙선 운동의 정의와 합법성 여부, 시민 단체의 역
할에 관한 논의를 살펴볼 수 있다.

www.thoreau.niu.edu 헨리 데이비드 소로의 저작들

노던일리노이대학에서 운영하는 프로젝트 웹사이트로 소로의 육필 원고, 일기,
편지를 열람할 수 있고, 소로와 관련된 각종 웹사이트가 링크되어 있다.

www.thoreausociety.org 소로협회

소로의 삶과 철학, 저작에 대한 자료뿐만 아니라 소로와 관련된 활동 및 기념
행사의 진행상황을 알 수 있다.

www.vcu.edu/engweb/transcendentalism 미국 초월주의

버지니아주립대학에서 운영하는 웹사이트로 초월주의 작가들의 작품과 생애에
관한 자료를 모아놓은 곳이다.

www. withoutwar.org 전쟁 없는 세상

양심에 따른 병역 거부자의 권리 옹호와 대체복무제 마련을 촉구하는 웹사이트
로 관련 기사 및 칼럼, 소식지를 다운받아 볼 수 있다.

www.walden.org 월든 숲 프로젝트

월든 숲을 보존하기 위한 각종 연구자료와 소로의 에세이를 열람할 수 있다.

찾아보기

그림 출처

Cameron Collection pp.12, 39, 42(좌).
Edward Carpenter *My Days and Dreams*(1916):pp.96, 97.
Corbis David J. and Janice L. Frent Collection:pp.17, 36, 44. Joseph Sohm/ Chromosohm Inc.:pp.80, 81. Wally McNamee:pp.94, 121. both Flip Schulke:p.123. David J. and Janice L. Frent Collection:pp.129, 132. Henry Diltz:pp.133, 134. Bo Zaunders:p.141. Steve Liss/SYGMA:p.142. Joseph Sohm/Chromosohm Inc.:p.147. David Butow/SABA:p.148. Ramin Talaie:p.153.
Corbis/Bettmann Archive pp.27, 29, 82, 120, 125, 127, 131.
Collected Works by Henry David Thoreau 1897 pp.9, 23, 25, 33, 46(좌), 48, 52, 77, 85, 90.
Library of Congress/Prints and Photographs pp.8, 14, 18, 19, 20, 24, 31, 37, 41, 42(우), 43, 45, 46(우), 49, 78, 87, 88, 116, 118, 150, 152, 154.
Vithalbhai Jhaveri(www.Ghandiserve.org), with thanks to Mahatma Gandi Foundation(www. mahatmagandhi.org) pp.104, 106, 108.
Jon Wynne Tyson's Collection/courtesy of Simon Wild/West Sussex Wildlife Protection pp.100, 109.
World's Great Books in Outline 1927 pp.92, 93.

세계를 뒤흔든 시민 불복종

초판 1쇄 발행 _ 2005년 2월 28일
초판 3쇄 발행 _ 2017년 6월 20일

지은이 _ 앤드류 커크
옮긴이 _ 유강은

펴낸이 _ 유재건
펴낸곳 · (주)그린비출판사 | 신고번호 · 제2017-000094호
주소 · 서울시 마포구 와우산로 180, 4층
전화 · 702-2717 | 팩스 · 703-0272
전화 · editor@greenbee.co.kr |

책값은 뒤표지에 있습니다.

잘못 만들어진 책은 구입하신 서점에서 바꿔드립니다.
ISBN 89-7682-946-8 89-7682-943-3(세트)